本书为安徽省哲学社会科学规划项目（项目批准号：AHSKQ2020D99）成果

新时代青少年健康促进的体育干预研究

陈　智　著

合肥工業大學出版社

图书在版编目(CIP)数据

新时代青少年健康促进的体育干预研究/陈智著．—合肥：合肥工业大学出版社，2023.5

ISBN 978-7-5650-6313-8

Ⅰ.①新… Ⅱ.①陈… Ⅲ.①青少年—体育锻炼—关系—健康—研究 Ⅳ.①G806

中国国家版本馆 CIP 数据核字(2023)第 062889 号

新时代青少年健康促进的体育干预研究

陈　智　著　　　　责任编辑　郭娟娟

出　版	合肥工业大学出版社	**版　次**	2023 年 5 月第 1 版
地　址	合肥市屯溪路 193 号	**印　次**	2023 年 5 月第 1 次印刷
邮　编	230009	**开　本**	710 毫米×1010 毫米　1/16
电　话	人文社科出版中心:0551-62903205	**印　张**	8.25
	营销与储运管理中心:0551-62903198	**字　数**	144 千字
网　址	press.hfut.edu.cn	**印　刷**	安徽联众印刷有限公司
E-mail	hfutpress@163.com	**发　行**	全国新华书店

ISBN 978-7-5650-6313-8　　　　定价：39.00 元

前 言

世界格局重构的时代，是我国在新的历史条件下继续夺取中国特色社会主义伟大胜利的时代；是决胜全面建成小康社会、进而全面建设社会主义现代化强国的时代；是全国各族人民团结奋斗、不断创造美好生活、逐步实现全体人民共同富裕的时代；是全体中华儿女勠力同心、奋力实现中华民族伟大复兴中国梦的时代；是我国日益走近世界舞台中央、不断为人类做出更大贡献的时代。随着全球政治、经济、社会发展的变化趋势加快，我国青少年身心健康不断面临越来越多新的挑战。青少年体质健康关系到国家发展和民族兴衰，是我国“健康中国2030”战略的重要内容。虽然青少年中的肥胖、近视、身体素质下降、身体活动能力变弱、身体免疫力降低、心理症状等问题的总体趋势向好，但是新的环境、快速社会发展的节奏等不断对青少年身心健康提出更高的要求。如何构建青少年的健康价值观，促进青少年全生命周期的健康发展，是国家、民族、社会及家庭面临的重大任务。目前，青少年近视以及脊柱侧弯、骨盆前后倾等形态问题频发，许多调查研究显示，部分地区青少年身体形态相关问题发生的比例已达到80%以上。因此，以体育干预为切入点，研究新时期青少年身心健康促进的方式、评价、模式、机制，对于青少年身心健康促进的文化与实践探索具有非常重要的意义。

党和国家历来高度重视青少年身心健康促进以及体育工作的发展。2016年，中共中央国务院印发《“健康中国2030”规划纲要》。2019年，《体育强国建设纲要》以及《国务院办公厅关于促进全民健身和体育消费推动体育产业高质量发展的意见》颁布。2021年，《中华人民共和国国民经济和社会发展第十四个五年规划和2035年远景目标纲要》发布。2022年，国务院办公厅印发了《“十四五”国民健康规划》，中共中央、国务院印发了《扩大内需战略规划纲要（2022—2035年）》。这些文件都将体育产业作为“绿色产业、朝阳产业培育扶持”。“推进文化自信自强，铸就社会主义文化新辉煌”“加强青少年体育工作，促进群众体育和竞技体育全面发展，加快建设体育强国”，这些都体现了党和国家对体育事业、青少年身心健康促进、青少年体育发展的大力支持。这些顶层设计与政策的不断推出，为新时期我国青少年身心健康促进、身心健康体育干预以及体育活动的开展提供了政策依据、提出了任务要求。

作为青少年健康促进的重要手段之一，切实可行、丰富有效的体育干预对于新时代青少年身心健康问题解决、身心健康促进发挥着重要作用。为改进新时代我国青少年身心健康促进的体育工作，国家体育总局持续推进青少年公共体育服务体系建设，努力提高青少年公共体育服务水平。但是，面临国际、国内新趋势与新要求，新时代青少年体育干预的构建面临着一些突出的困难与问题。因此，迫切需要进行更为科学、系统的研究与探索，探索影响青少年身心健康发展的危险因素、影响因素，从而探索体育干预青少年身心健康、促进青少年体魄强健的模式、路径与机制，为中华民族的伟大复兴培养能承担重任的优秀的社会主义建设者和接班人。

本书旨在明确健康、体质健康、身心健康等理念的基础上，分析当前青少年健康现状及影响因素，基于协同理论、动态系统理论、生态系统理论等各学科理论，构建体育干预青少年身心健康促进的模式、方法、机制，提出策略、建议等，以促进青少年身心健康不断提升与发展。

本书在撰写过程中参考了国内外相关专家学者的学术著作、论文和调查研究报告等，在此表示衷心的感谢。书中的疏漏和差错在所难免，敬请读者不吝指出。最后，诚挚感谢相关专家在本书撰写过程中给予的指导与帮助，感谢合肥工业大学出版社编辑张慧、郭娟娟的鼎力相助和辛勤付出。

陈 智

2022 年 12 月

于安徽工程大学

目 录

第一章　青少年体育干预促进健康发展的时代背景

一、时代境遇之应然：新时代青少年体育干预促进健康发展的应然选择

（一）全面贯彻党的二十大报告精神

党的二十大报告指出，全面建设社会主义现代化国家，必须坚持中国特色社会主义文化发展道路，增强文化自信，围绕举旗帜、聚民心、育新人、兴文化、展形象建设社会主义文化强国，发展面向现代化、面向世界、面向未来的，民族的科学的大众的社会主义文化，激发全民族文化创新创造活力，增强实现中华民族伟大复兴的精神力量。中国式现代化，是在中国共产党领导下的社会主义现代化，既有世界各国现代化的相同特征，又有基于自己国情的中国特色。党的二十大报告着眼于什么是中国式现代化、怎样实现中国式现代化这一重大时代课题，深刻揭示了以中国式现代化全面推进中华民族伟大复兴的重大意义。报告在“推进文化自信自强，铸就社会主义文化新辉煌”方面明确提出：“加强青少年体育工作，促进群众体育和竞技体育全面发展，加快建设体育强国。”

报告在文化主题中指出，我们要坚持马克思主义在意识形态领域的指导地位，坚持为人民服务、为社会主义服务，坚持百花齐放、百家争鸣，坚持创造性转化、创新性发展，以社会主义核心价值观为引领，发展社会主义先进文化，弘扬革命文化，传承中华优秀传统文化，满足人民日益增长的精神文化需求，巩固全党全国各族人民团结奋斗的共同思想基础，不断提升国家文化软实力和中华文化影响力。

一是建设具有强大凝聚力和引领力的社会主义意识形态。牢牢掌握党对意识形态工作的领导权，全面落实意识形态工作责任制，巩固壮大奋进新时代的主流思想舆论。健全用党的创新理论武装全党、教育人民、指导实践工作体系。深入实施马克思主义理论研究和建设工程，加快构建中国特色哲学社会科学学科体系、学术体系、话语体系，培育壮大哲学社会科学人才队伍。加强全媒体传播体系建设，塑造主流舆论新格局。健全网络

综合治理体系，推动形成良好网络生态。

二是广泛践行社会主义核心价值观。弘扬以伟大建党精神为源头的中国共产党人精神谱系，用好红色资源，深入开展社会主义核心价值观宣传教育，深化爱国主义、集体主义、社会主义教育，着力培养担当民族复兴大任的时代新人。推动理想信念教育常态化制度化，持续抓好党史、新中国史、改革开放史、社会主义发展史宣传教育，引导人民知史爱党、知史爱国，不断坚定中国特色社会主义共同理想。

三是提高全社会文明程度。实施公民道德建设工程，弘扬中华传统美德，加强家庭家教家风建设，加强和改进未成年人思想道德建设，推动明大德、守公德、严私德，提高人民道德水准和文明素养。统筹推动文明培育、文明实践、文明创建，推进城乡精神文明建设融合发展，在全社会弘扬劳动精神、奋斗精神、奉献精神、创造精神、勤俭节约精神，培育时代新风新貌。

四是繁荣发展文化事业和文化产业。坚持以人民为中心的创作导向，推出更多增强人民精神力量的优秀作品，培育造就大批德艺双馨的文学艺术家和规模宏大的文化文艺人才队伍。健全现代公共文化服务体系，创新实施文化惠民工程。健全现代文化产业体系和市场体系，实施重大文化产业项目带动战略。加大文物和文化遗产保护力度，加强城乡建设中历史文化保护传承，建好用好国家文化公园。广泛开展全民健身活动，加强青少年体育工作，促进群众体育和竞技体育全面发展，加快建设体育强国。

五是增强中华文明传播力和影响力。坚守中华文化立场，提炼展示中华文明的精神标识和文化精髓，加快构建中国话语和中国叙事体系，讲好中国故事、传播好中国声音，展现可信、可爱、可敬的中国形象。加强国际传播能力建设，全面提升国际传播效能，形成同我国综合国力和国际地位相匹配的国际话语权。深化文明交流互鉴，推动中华文化更好地走向世界。

国家文化软实力和中华文化影响力的提升，思想与体育的发展，同时也是对“文明其精神，野蛮其体魄”的传承与发扬。无论是从观念意识、引领思想还是从文化事业、文明传播力和影响力发展方面，青少年从来都置身其中，体育事业更不会置身事外。党的十八大以来，习近平总书记高度重视体育工作，亲自谋划和推动体育事业的发展，多次接见体育工作者，发表重要讲话，作出重要指示批示，提出明确要求。习近平总书记关于体育的重要论述，为体育改革发展指明了前进方向、提供了根本遵循。以习近平同志为核心的党中央从实现中华民族伟大复兴的战略高度重视发展体育事业，体育事业在国家总体布局和战略布局中的重要地位更加突出、发展路径更加清晰。全国体育系统锐意进取、顽强拼搏，坚定不移地走中国特色社会主义体育发展道路，开启了体育强国建设的新征程。

（二）审视国际体育治理发展之态势

1. 体育与世界新格局

2022 年 11 月 15 日，国际奥委会主席托马斯·巴赫在巴厘岛 G20 领导人峰会上，向各国国家元首和政府首脑致辞时提出，在一个动荡的世界，奥运会和残奥会的根本目标是“让全世界在和平竞争中团结起来，没有任何歧视”。“奥林匹克运动需要所有接受规则的运动员的参与，即使他们的国家处于对抗或战争中。只有来自志同道合的国家的运动员之间的比赛并不是和平的可靠象征。”他说，“在这个分裂的时代，我们的角色很明确：团结世界——而不是加深分歧。为了实现统一的使命，国际奥委会必须在政治上保持中立。为了让未来的奥运东道主欢迎全世界最优秀的运动员，而不考虑政治冲突，我呼吁世界各国领导人支持这种政治中立。在世界需要更多团结与和平的时候，让我们不要放弃奥运会和残奥会这一宝贵的统一使命。”他重申了他在 2022 年北京冬奥会开幕式和闭幕式上向世界领导人发出的呼吁：给和平一个机会！

不难看出，全球性的体育竞赛，或者所举办的文化、教育活动，无一例外都表现出一个国家和民族特色，展示其经济和社会发展水平。中国体育界在为国争光的同时，更要为国家利益服务、为国家安全服务，为中华民族伟大复兴贡献自己的力量。

2. 身体活动水平现状

人们普遍认为，身体活动可以促进身心健康，参与安全的和具有包容性的运动是人们的主要选择。有规律的体育锻炼对所有年龄的人都有好处，开始更加活跃的活动和减少久坐以改善健康永远不会太晚。然而，据世卫组织称，有效减少身体活动不足的现状的行动进展缓慢且不均衡，公共卫生事件使这一情况进一步倒退。

世卫组织 2018 年发布了有史以来第一份关于身体活动的全球状况报告，该报告跟踪全球在实现 2018—2030 年身体活动全球行动计划（GAPPA）中设定的目标方面已取得的进展。根据 2022 年 10 月发布的 194 个国家的数据，在 2020 年至 2030 年期间，因缺乏身体活动而导致的可预防非传染性疾病（NCD）的成本将接近 3000 亿美元（每年 270 亿美元）。这种情况不仅会影响到个人及其家庭，还会影响到整个医疗服务机构和社会。

从世界范围来看，各类人群的身体活动水平均有待提高。换言之，减少身体活动不足或促进身体活动增加的行动实施不足。

3. 体育腐败治理

让体育回归体育本身，是杜绝体育腐败的根本之策。体育腐败的治理也是构建监管长效机制的必然之举。2022 年，IPACS（国际体育反腐组织）审查并批准了体育治理基准指南的最终版本。该项目为 IPACS 工作组在 2021 年开展的重大项目。该指南旨在支持各国家政府和体育组织根据 IPACS 标准，结合实际进行良好的治理。其内容具有明确的定义，对每条标准的重要性和应用进行解释并提供策略，以及符合组织现状（早期、发展或后期）的具体指导和最佳实践案例。IPACS 现在将研究如何更好地传播这一宝贵资源以确保其被实践践行的战略。这一指南的出台揭示了国际体育治理的发展态势。

值得关注的是基础设施及采购。经济合作与发展组织（OECD）、国际奥林匹克委员会（IOC）、2024 年巴黎奥运会组委会、2026 年米兰-科尔蒂纳丹佩佐冬奥会组委会和 2028 年洛杉矶奥运会组委会，以及公共当局的专家共同讨论关于基础设施和采购这两个复杂且高风险的领域相结合，大型体育赛事将面临的一系列威胁，如无法有效、透明和负责任地交付。为了支持奥组委应对这些威胁，国际奥委会和经合组织正在制定可操作性强的指导方针。

与此同时，IPACS 还审查了一项新的倡议提案，即建立赛前刑事司法和体育合作网络。联合国毒品和犯罪问题办公室（UNODC）和 IOC 提议，新网络将由 IOC 和 UNODC 共同主持，旨在促进和加强反腐败的执法人员、体育组织代表和其他利益相关方之间的合作以及信息、有效方法的交流。该组织响应国际社会和体育组织的多次呼吁，建立加强信息交流和支持合作的机制，切实加强合作，以有效打击体育腐败。IPACS 制定了关于“减轻重大体育赛事申办过程中的腐败风险”的新文件。它包含旨在支持国际和国家层面的主要体育赛事组织者的建议；审查了管理 IPACS 的指导方针，以扩大利益相关者在主席团内的代表性，并将其合并到新的指导委员会（STC）中。IPACS 指出，运动员是体育运动的核心，当他们所处的环境腐败事件发生时，运动员会受到很大影响，因此听取他们在这方面的意见和需求非常重要。有鉴于此，一名加拿大退役的参加过夏季和冬季奥运会田径和雪橇项目的运动员，也是国际奥委会运动员委员会的成员，他将从运动员的角度作为合作伙伴，为项目推动做出贡献。

4. 体育在安全治理中的作用

2022 年，国际奥委会在联合国毒品和犯罪问题办公室特别论坛上强调了体育在打击青少年暴力和犯罪方面的力量。

群众体育和奥林匹克运动（竞技体育）在建设更安全的社区以及预防青少年的暴力和犯罪方面发挥着关键作用。国际奥委会委员、来自津巴布韦的科斯蒂·考文垂在纽约联合国总部举办的社区体育预防犯罪伙伴关系高级别论坛上向联合国（UN）成员国发表讲话时，呼吁加强合作和伙伴关系，以发挥体育在预防暴力和犯罪以及建设和平、安全社区方面的作用。她还出席了国际奥委会与联合国毒品和犯罪问题办公室（UNODC）联合发起的“体育打击犯罪：外展、复原力、赋权”（SC：ORE）启动仪式，支持有效利用体育来预防和打击暴力和犯罪。“体育不仅仅是身体活动，”考文垂在论坛上说，“这是搭建桥梁、将人们聚集在一起并为建设更和平、更安全的社区做出贡献的有力手段。”考文垂在国际奥委会的“奥林匹克主义365”战略的背景下推出了新的SC：ORE倡议，这是国际奥委会加强体育作为联合国可持续发展目标（SDG）重要推动因素的新战略。考文垂说：“在基于社区的干预措施的背景下，体育相关政策和体育项目可以发挥关键作用，使青少年和社区成员成为积极变革的积极推动者，并支持预防犯罪工作。SC：ORE是我们通过奥林匹克主义365在体育、和平和安全社区方面开展的协同工作的重要组成部分。”

国际奥委会与联合国毒品和犯罪问题办公室的谅解备忘录（2021年11月签署）特别侧重于通过体育预防青少年犯罪、暴力和吸毒，延续了两个组织之间的长期伙伴关系——就此而言，展现了国际奥委会与联合国之间更广泛的密切合作关系。

“我们很高兴与国际奥委会建立伙伴关系，通过体育锻炼青年坚韧的品格，并帮助我们扩大这一领域的重要工作。”联合国毒品和犯罪问题办公室条约事务司管理机构秘书处主任乔·德德尼·阿曼说，“很明显，在运用体育促进青少年积极发展、创建安全社区和预防犯罪方面，我们的职责、专业知识和网络是互补的。”SC：ORE展示了体育可以作为预防犯罪手段的多种方式中的一部分。它专注于基于体育的学习和技能培训，旨在支持有效利用体育来预防暴力和犯罪，并加强体育和体育部门在建设和平与安全社区中的作用。

这将通过为政策制定者和计划实施者制定具体的政策指南和工具包来完成，同时还提供示范社区项目，以进一步发展对有效的以体育为基础的社区预防犯罪项目知识的理解。该计划由国际奥委会通过其奥林匹克价值观教育计划（OVEP）和联合国毒品和犯罪问题办公室共同开发，关于“将体育纳入青年预防犯罪和刑事司法战略”作为国际奥委会“奥林匹克主义 365”战略和后续决议 A/RES/74/170 和 A/RES/76 的一部分。

5. 体育与卫生组织加强合作

国际奥委会与世卫组织（IOC-WHO）新的合作计划加强了体育在建设健康和活跃社区中的作用。

为期三年的创建活跃的社区项目计划，成为国际奥委会“奥林匹克主义 365”战略的一部分，重点是强化体育作为联合国可持续发展目标推动因素的作用。“参与体育运动是一种成本极低但非常有效的健康和促进身体活动的工具。它还具有促进更健康社区的力量，”国际奥委会主席托马斯·巴赫说，“通过这项新计划，它再次证明了国际奥委会和世界卫生组织之间富有成效的合作，我们希望为一个更加活跃和健康的社会做出贡献。我们这样做是为了促进各个年龄层和各方人士参与体育产生价值，从而通过体育帮助塑造一个更美好的世界”。“体育是改善所有人健康的最有效、最愉快和最普遍的手段之一，”世卫组织总干事谭德塞说，“作为体育和健康规划的一部分，世卫组织很高兴能进一步加强我们与国际奥委会和奥林匹克运动的合作，以推动社区和动员行动，增加人们锻炼身体和保持健康的机会”。

根据世卫组织具有里程碑意义的 2018—2030 年身体活动全球行动计划（GAPPA）和“奥林匹克主义 365”战略，创建活跃的社区项目计划的实施将致力于实现三个目标：（1）改善有针对性的社区运动和身体活动计划的获取和保留，支持更多人特别是妇女和女孩以及来自不同背景和能力的人更加积极参与社区体育和身体运动；（2）加强对定期进行体育锻炼和体育参与的多重益处的认识、理解和欣赏，包括预防非传染性疾病、改善心理健康和福利以及增进人际社会关系；（3）加强对社区体育、体育活动参与机会、基础设施建设的政策规划和投资，以及充分利用奥运会和其他全球体育赛事的体育活动遗产。

国际奥委会和世卫组织将联手为卫生和体育组织提供指导、培训和工具包，以协助设计和实施，旨在实现帮助更多人从参与社区体育活动中受益的计划。此外，这些组织将召集来自卫生和体育部门的决策者、从业者和研究人员，分享在实现这一目标方面取得的成功经验和卓有成效的做法。同时，国际奥委会将提供财政和技术援助，支持由卫生和体育组织共同开展的社区体育和体育活动项目。

6. 挖掘体育合作项目促进健康和平发展

“奥林匹克主义 365”战略有助于实现国际奥委会利用体育促进可持续发展的目标——正如奥林匹克运动战略路线图《奥林匹克 2020+5 议程》

中所规定的那样。在“奥林匹克主义 365”项目启动之后，国际奥委会与联合国毒品和犯罪问题办公室将为执行伙伴组织政策研讨会和能力建设活动，这些伙伴包括国家奥林匹克委员会、民间社会组织以及国家和地方决策者。该计划随后将在两个试点国家和地区实施，目的是创造安全空间，让青少年通过体育活动参与和赋权，以减少犯罪和社区暴力的风险因素。

国际奥委会与联合国毒品和犯罪问题办公室为支持这一项目目标而建立的伙伴关系建立在毒品和犯罪问题办公室的“通过体育活动预防青少年犯罪”和“基于体育的生活技能培训课程 Line Up Live Up”之上。这两项举措都旨在利用体育的力量来减少犯罪，并为此提供技术建议及培养决策者和从业者的能力，以通过基于体育的干预措施有效降低与犯罪行为相关的风险。

国际奥委会与世卫组织的合作，将这一举措作为“奥林匹克主义 365”运动、健康和活跃社区组合的重要组成部分，该组合的重点是增加人们获得安全、包容和促进健康的体育参与机会。通过这一组合，国际奥委会将与合作伙伴合作，利用体育来帮助改善人们的心理健康和提升幸福感，同时也支持他们通过体育找到一个社区与奥林匹克主义的联系。

“奥林匹克主义 365”战略指导国际奥委会正在进行的工作，以强化体育作为联合国可持续发展目标的重要推动力的作用——这是《奥林匹克 2020+5 议程》建议的重点。国际奥委会执行委员会于 2021 年 10 月批准了该战略，该委员会认为，采用战略方法能最大限度地发挥奥林匹克主义和体育在社会中的积极影响。“奥林匹克主义 365 展示了体育对世界各地区和社会的重要性，”国际奥委会委员兼国际奥委会新成立的奥林匹克主义 365 委员会主席奥维塔·拉皮拉说，“这项新举措将在我们的运动、健康和活跃社区产品组合中发挥重要作用，向世界各地的人们展示运动在他们生活中可以发挥的宝贵作用”。自 1984 年以来，国际奥委会和世界卫生组织一直保持着长期的合作伙伴关系，促成了许多联合倡议，以通过体育运动来对抗身体活动不足的问题。2020 年 5 月，这两个组织签署了一份新的合作协议，表明他们共同致力于促进健康的生活方式，包括身体活动、体育运动和积极的娱乐活动，以此作为全球健康促进的工具。

7. 通过体育实现联合国可持续发展目标

SC：ORE 是国际奥委会“奥林匹克主义 365”战略的一部分，该战略旨在随时随地将人们与奥林匹克价值观联系起来。“奥林匹克主义 365”是《奥林匹克 2020+5 议程》建议背后的引擎，该议程致力于“加强体育作为联合国可持续发展目标重要推动因素的作用”。“奥林匹克主义 365”将奥林匹克主义的基本原则与国家发展计划和地方优先事项结合起来，旨在对于四个相互关联的方面进行创新改革，它们包括：改善参与体育运动的机会，创造价值感归属感，确保充分受益于体育运动的机会，加强本地与全球的联系。这四个方面的创新改革正是体育在促进全球可持续发展目标作用方面的体现。

例如，体育活动对于青少年而言有巨大的益处，体育和健身运动列入了学校课程，是全面教育不可或缺的内容，属于可持续发展目标之一：确保包容和公平的优质教育，让全民终身享有学习机会。体育教育让无法上学的青少年享有终身学习和另类教育的机会。通过在学校参与体育运动和体育活动，青少年接触到体育的核心价值理念，包括团队合作、公平竞赛、遵守规则、尊重他人、合作、纪律和容忍。这些价值理念不仅是青少年今后参与团队活动和进入职场的必备素养，还能增进社区和社会内部的融合。

二、现实处境之诉求：新时代青少年体育干预促进健康发展的现实需求

超级互联、截然不同和强国之需已经是当前国际发展显示出的网络特征，青少年体育健康促进的全面工作进程也将在这一背景下开启。无论什么领域，无论处于什么样的发展地步，都会受到这些特征的影响。

（一）超级互联

新时代用一个词来形容，非“超级互联”莫属。“超级互联”是全球化和技术现代化进步的结果，究其本质，可将其定义为系统要素之间彼此依存的态势。21 世纪初，美国《纽约时报》专栏记者托马斯·弗里德曼在《世界是平的》一书中便已提到，如果说全球化 1.0 版本的主要动力是国家，2.0 版本的主要动力是公司，那么 3.0 版本的主要动力来自个人，个人获得了新的机会能够在全球范围内参与竞争和合作，这也带来了全球化 3.0 版本的独特特征。能够让个人自由参与全球竞争的不是马力，也不是硬件，而是软件和网络。这种全球化和技术发展的突飞猛进，在现实中意味着让这个世界看起来处于一种“超级互联”的状态（相互依存状态的极端变体）。

早在 1967 年，哈佛大学的心理学教授斯坦利·米尔格拉姆（1933—1984）想要描绘一个联结人与社区的人际关系网，做过一次连锁性实验，结果发现了“六度分隔”现象。这种现象简单地说，即“你和任何一个陌生人之间所间隔的人不会超过六个，也就是说，最多通过六个人你就能够认识任何一个陌生人”。而全球化与技术现代化的发展之迅速所能达到的

是：你想认识一个人可以通过邮件、社交网络联系对方；你想认识一个明星，更有机会在比赛现场与之互动。这背后所蕴含的意义则是物质文明和精神文明相互依存、共同飞速发展的特征。以 2022 年世界杯足球比赛为例，世界杯是每个足球迷的梦想舞台，也是全球各个国家和地区在足球领域最梦寐以求的神圣荣耀。世界杯每四年举办一次，任何国家和地区足协都可以派出代表队报名参加这项赛事。世界杯是世界足球运动发展推广普及的源头和根本，所以也被誉为“生命之杯”。不可否认，人类通过体育世界的互联程度已然超级，那么在其他方面更是如此。“生命之杯”同样表明了世界各国人民生存在同一个地球、同命运共患难的格局。

见微知著，超级互联的世界具有相当深层次的系统互联性，风险无一不通过相互作用的复杂网络相互影响。在相互依存的环境中，风险之间会相互强化，产生连锁反应。在此情况下，不难发现那种认为独立风险仅限于独立领域或主张单个领域风险不会影响其他领域的风险（如社会风险和政治风险等）的观点已经站不住脚。我们不难想到，社会风险会演变成政治风险（例如全球公共卫生事件发生率急剧上升导致社会动荡），经济风险会演变为社会风险（例如房地产价格飙升，引发民众强烈反对）。如果孤立来看社会风险、政治风险、经济风险与环境风险，会形成每类风险都可控或可缓解的假象。然而，一旦置于现实生活中，系统互联性就会表明这是一种人为的建构。因此，在相互依存、相互关联的世界里，试图控制单一风险的做法行不通。正如前述世卫组织与国际奥委会的合作项目一样，只有共同应对健康、青少年犯罪、世界和平、可持续发展等问题，才能达到良好效果。

超级互联状态的另一种折射便是相互依存，蕴含着重要的意义，它证实了“孤岛理论”的无效。以互联网行业为例，有助于阐明上述论点。面对“超级互联”时代，企业如何“决胜 2020”？物美集团创始人、多点 Dmall 董事长张文中认为，“一定要想清楚当前最大的挑战是什么？是技术革命，既包括互联网革命，更包括人工智能。同时，对企业来说，最大的机遇也来自技术革命，当前技术革命带给实体经济的变化已经越来越清晰”。拿着旧地图永远找不到新大陆。转型期，企业的对手是时代，不关注时代变化，只顾着如何战胜对手，也许没打败对手，还会输掉未来。新希望集团董事长刘永好用亲身实践，证明了在传统农业领域，智能化如何让企业实现弯道超车。养殖行业、农业产业，在中国有几千年的历史，“传统企业面临大数据再造和新型的科技智能化，要用新的科技来武装传统行业，为此，我们推出了大健康和生态环保相结合的新型农业发展格局。”

同样，青少年健康在推动国家经济、政治、社会、文化等的发展中不可或缺。归根结底，要素聚合与系统互联才是关键，因此孤立地解决问题、评估问题或风险都是徒劳之举。在当前时代背景之下，同样的问题再度出现。流行病学家、公共卫生专家、经济学家、社会学家以及其他所有帮助决策者洞悉形势的科学家和专家都发现，自己难以（有时甚至不可能）逾越自身学科的界限。这不难理解，因为大多数专家专注研究细分领域，缺乏必要的广阔视野，无法连点成线，提供决策者急需的整体图景。因此，超级互联推动着青少年体育干预促进健康发展，同时也为其发展提供有利契机。我们应积极探索体育干预的新时代现代化模式，从而促进青少年健康水平的进一步提高，为建设体育强国贡献力量。

（二）截然不同

首先，日益增长的差异，在于经济衰退之后的全球财政政策导致了不同社会和不同代人的不平等收益。大规模的金融刺激方案不足以让年轻一代重新站稳脚跟，紧缩措施阻碍了教育投资，缩小了一个重要的流动通道。因此，许多年轻人一直在不稳定的服务业工作，这些工作很容易受到重大冲击的影响。根据世界银行的估算，儿童和青年占全球贫困人口的三分之二，而疫病大流行严重恶化了这一局面。到2050年，预计东南亚的青年人口将减少，这将增加这些地区失业和人口老龄化的挑战。当今的青年一代是伤痕累累的一代。今天全球的年轻人已经承受了长达十年的金融危机、过时的教育体系、根深蒂固的气候危机以及许多地方的暴力创伤。全球范围内的青年普遍不愿参与现有经济、政治和社会结构，对其缺乏信心和/或失去信任，这对社会稳定、个人利益和经济生产力产生了负面影响。

世界经济论坛《2021年全球风险报告》显示，世界各地的青年（15~24岁）正在经历十年来的第二次重大全球危机。首先，他们是在金融危机的阵痛中进入青年时期的；其次，他们在几代人未曾见过的大流行开始时退出。他们的教育、经济前景和心理健康都将面临严峻挑战。环境恶化、不平等加剧（性别、代际、经济和种族等多种类型的不平等）、不同程度的暴力，以及由技术驱动的工业转型带来的社会混乱，已经削弱了这一代人的前景。虽然数字技术的飞跃为一些年轻人打开了机会，但许多人现在进入劳动力市场时正值就业冰冻期。2020年5月，世界经济论坛警告称，将出现“下一代——迷惘的一代”，根据全球风险感知调查（GRPS），“青年幻灭感”是被忽视的首要风险，将在未来两年成为对世界的重大威胁（全球风险格局）。对于GRPS——世界经济论坛的全球塑造者——年轻受访者来说，“青年幻灭”也是一大盲点。如果当前这一代人缺乏充分的获得教育和工作机会的途径，那么来之不易的社会成就可能会付诸东流。

其次，尽管许多发达经济体的就业率已经快恢复到大流行前的水平，但在全球范围内而言，就业行情从大流行影响中恢复的速度仍落后于经济复苏，也就是说全球就业率仍低于大流行前水平，而发达经济体中的离职热潮还造成了劳动力市场参与度降低。青年、妇女和低技术水平工人受到的影响尤其大。全球经济至少需要到2023年才能创造出因大流行而流失的就业机会，但国际劳工组织预计，其中许多就业机会的生产率和质量都将会很低。“生计危机”是调查发现的世界第二大直接威胁，也是《高管意见调查》（EOS）中国家层面的首要威胁。97个国家认为生计危机是国家面对的最直接威胁，其中包括20国集团（G20）中的16个国家。“软实力”运用方面的竞争也在增加。比如，中国的对外融资战略和经济复苏使中国能够继续增强自身在整个发展中国家的影响力，而2021年，中国经济预计将以每年8%左右的速度增长。中国疫苗的最大买家包括巴西、印度尼西亚、墨西哥和土耳其，他们在2020年对中国的净债务支付增加了62%。为了在新时代经济中蓬勃发展，各个发展中国家可能会越来越多地向中国寻求资金、技术和科学方面的支持。在当前世界各国发展状态截然不同、竞争愈发激烈的时代，青年作为国之未来、国之基础，健康作为竞争的基本条件始终贯穿终身。而青年健康引发的连锁效应最终不仅会放大同一宏观领域（社会风险）的诸多风险，而且会扩大其他宏观领域的风险（经济风险、地缘政治风险、社会风险、环境风险、科技风险）。

极速运转的形势，指数级增长的状态让我们的认知功能疲于应付，因此我们常常会患上指数“近视”，认为那不过是“非常快”而已。然而诸多方面表现出的瞬息万变，无论是社会危机、科技发展与应用、地缘政治动荡、金融市场，还是大流行的传播，一切都在快速向前。我们生活在即时社会中，生活节奏不断加快，这让人感觉烦躁不安。新的即时文化痴迷于追求速度，无处不在地影响并全面渗透我们的生活。理解了这种增长态势和指数的力量，就能理解速度问题为何重要。速度不仅有极端的形式，还可能产生反常影响。造成这种结果的原因很多，“缺乏耐心”便是其中之一，也由此可知为遏制反面影响范围扩大而实施干预措施的速度何以如此重要。欧内斯特·米勒尔·海明威曾在《太阳照常升起》中写过破产问题，大致意思为一个人的破产，主要分为两个阶段：第一阶段先是每况愈下，第二阶段为一泻千里。重大系统性转变和颠覆往往也是如此：事情通常先是缓慢渐变，然后在某个时间发生突变。孔子曰：“无欲速，无见小利。欲速则不达，见小利则大事不成。”意为说话做事，该慢下来的事情，就必须慢下来，扎扎实实地做好。而养心与求知，恰恰是人生种种修行里，最急不得的事情。心如若随着权与利跳来跳去，不过徒然心烦而已。老子《道德经》言：“孰能安以久，动之徐生?”真正的动，是明明白白而又充满意义的“动之徐生”，心平气和，生生不息，且是建立在心静基础上的外在运动。在静到极点后，要能起动。动以后，则是生生不息。因此，在宏观意识与形态上，反应要快；在微观实践上，我们要谨慎行之。

随着时代的变化，我国青少年健康水平的提升更要全面且向纵深发展，因为青少年在差异巨大的环境中，其成长、发展都面临巨大的挑战和竞争。青少年是祖国的未来，青少年的身体强壮、心理健康都关乎国家未来的可持续发展，因此青少年体育干预促进健康发展任重道远。正如习近平总书记在二十大报告中所强调的，“加强青少年体育工作，促进群众体育和竞技体育全面发展，加快建设体育强国”。

（三）强国之需

2022 年 11 月 8 日，国家体育总局在北京举行学习宣传贯彻党的二十大精神宣讲报告会，深入解读党的二十大精神，要求体育系统认真学习宣传贯彻党的二十大精神，加快推进体育强国建设，为全面建设社会主义现代化国家做出新贡献。

会议指出，党的二十大是在全党全国各族人民迈上全面建设社会主义现代化国家新征程、向第二个百年奋斗目标进军的关键时刻召开的一次十分重要的大会，是一次高举旗帜、凝聚力量、团结奋进的大会。体育系统要全面准确学习领会党的二十大精神，深刻领会党的二十大主题，深刻领会“三个务必”的时代号召，深刻认识“两个确立”的重大政治成果，深刻领会“五个牢牢把握”的重要内涵。要以党的二十大精神为统领，奋力开创体育强国建设新局面。要统一思想、凝聚共识，把思想和行动统一到党中央决策部署和习近平总书记关于体育的重要论述上来。

确立习近平总书记党中央的核心、全党的核心地位，是时代呼唤、历史选择、民心所向，使全党有了定盘星、全国人民有了主心骨，引领中华“复兴号”巨轮行稳致远；确立习近平新时代中国特色社会主义思想的指导地位，让中华民族伟大复兴有了思想旗帜、理论武装和锐利武器，为推进民族复兴伟业提供了科学行动指南。要深刻领悟“两个确立”的决定性意义，更加自觉地维护习近平总书记党中央的核心、全党的核心地位，更加自觉地维护以习近平同志为核心的党中央权威和集中统一领导，全面贯彻习近平新时代中国特色社会主义思想，坚定不移在思想上政治上行动上同以习近平同志为核心的党中央保持高度一致。要以党的二十大精神为统领，奋力开创体育强国建设新局面。要统一思想、凝聚共识，把思想和行动统一到党中央决策部署和习近平总书记关于体育的重要论述上来。习近平总书记关于体育的重要论述内涵丰富、思想深刻、要求明确，是习近平新时代中国特色社会主义思想的重要组成部分，为新时代推动体育改革发展提供了根本遵循。要把贯彻落实习近平总书记关于体育的重要论述作为谋划工作、破解难题的根本法宝，切实增强贯彻落实的思想自觉和行动自觉，确保党中央、国务院关于体育工作的决策部署落地生根、取得实效。要加快建设体育强国步伐，为此要做到：全面落实全民健身的国家战略；进一步提高竞技体育综合实力；加强青少年体育工作；促进体育产业高质量发展；大力弘扬中华体育精神；推动体育对外交流合作；坚决推进反兴奋剂斗争；加强依法治体；加强体育行风建设；大力推进体育改革；防范化解体育领域重大风险挑战。

会议再次要求，学习好、宣传好、贯彻好党的二十大精神是体育系统当前和今后一个时期的首要政治任务和头等大事。各部门各单位要按照“五个牢牢把握”的要求，原原本本学习研读党的二十大报告和新修订的党章，认真领悟党的二十大提出的新思想新论断和作出的新部署新要求，切实把党的二十大精神学懂弄通、学深悟透，用以指导体育工作实践。要准确把握体育强国的深刻内涵。第一是精神强，为中华民族伟大复兴提供凝心聚气的强大精神力量。要用体育塑造民族体质和精神，激发中华儿女的爱国热情。第二是体制强，坚持走中国特色社会主义体育发展道路。要坚持党对体育工作的全面领导，坚持为党和国家中心任务服务，坚持以举国体制为主导的竞技体育发展模式。第三是物质强，实现体育发展保障条件的现代化。要推动体育投入机制不断完善，实现体育场地设施、器材装备的现代化，促进体育消费繁荣发展。第四是全面强，形成体育各方面全面发展的良好局面。要促进竞技体育、群众体育、体育产业、体育文化、体育科技等方面都强起来，实现区域、项目、人群等全面发展。第五是融入强，使体育全方位融入国家发展大局。推动体育与各方面融合发展，使得体育与经济社会发展融合度更高，体育与相关行业融合程度更深，体育与全球体育发展融合得更加紧密。另外，还要坚定不移全面从严治党，加强体育领域新时代党的建设工作。把政治建设摆在首位，强化管党治党政治责任，持续抓好党风廉政建设和反腐败工作，加强干部队伍作风建设。

体育可强国，青少年一代的健康则是助力体育及强国发展的强大力量。青少年体育健康教育是加强社会主义精神文明建设、保证国家和民族兴旺发达的需要。青少年是社会经济可持续发展的关键，是国家、民族未来的希望，是21世纪的生力军。青少年能否健康成长关系着我国未来社会主义建设事业的蓬勃发展。青少年要树立正确的人生观和健康观，并为以后的健康生活做好充分的准备。基于政府主导下的青少年体育健康促进体系是现阶段强国举措不可或缺的重要组成部分。

三、研究现状之需要：新时代青少年体育干预促进健康发展的理论与实践需求

（一）运动干预与青少年肥胖

2022年世界卫生组织发布“身体活动”以及2020年发布的“儿童健康：面临新的威胁”两篇报道均指出，身体活动不足、久坐等导致儿童和青少年患有肥胖症的比例攀升。与此同时，需要关注的是室内和环境（室外）空气污染每年致700万人死亡。空气污染与青少年呼吸道健康状况不佳有关，给青少年的肺部和大脑造成损害，增加青少年患心血管疾病、肥胖症、2型糖尿病和代谢综合征的风险。

青少年肥胖症的快速上升是21世纪最严重的公共卫生挑战之一。据世界卫生组织统计，5～19岁儿童和青少年的超重和肥胖流行率从1975年的仅4%大幅上升到近年的18%以上。男孩和女孩中的上升情况类似：18%的女孩和19%的男孩超重。一度被视为高收入国家问题的超重和肥胖，如今在低收入和中等收入国家，尤其是在城市环境中呈上升发展趋势。全球的肥胖人数多于体重不足人数，每一个地区的情况都是这样，撒哈拉以南非洲和亚洲部分地区除外。

遏制青少年肥胖的方式也成为当前国际研究的热点话题。研究显示，近年来，青少年肥胖症患者占全球总人口的10%，且无论是在发达国家还是发展中国家，都呈现数量扩大化和年龄渐低化趋势。从相关研究也可洞见，超重、肥胖、久坐、营养、运动干预、身体活动等研究已成为当前青少年肥胖研究的核心研究话题。国际方案以有氧运动处方、BMI测评与体育干预等手段应对青少年肥胖问题的研究日益增多，学校方面以体育课作为青少年肥胖问题的解决手段。针对青春期肥胖青少年在生理、心理、医疗保健等方面所产生的风险研究，有学者提出开展关于解决世界范围内青少年肥胖问题的国家制定政策干预的调查建议，也有提出限制高脂肪食物摄入和增加青少年体育锻炼量的干预手段建议，还有通过体育活动、锻炼和运动实践以对抗青少年肥胖症的研究。不难发现，当前青少年营养过剩、高脂肪含量食物摄入过多、久坐行为以及体育锻炼缺乏而导致的超重

或肥胖问题已成为制约青少年健康发展的首要问题，而在学校范围内以体育手段解决困扰青少年的肥胖问题也已逐渐成为世界各国的研究共识。

（二）体育锻炼促进青少年体质健康

全世界青少年体质健康问题日益突出，甚至已成为掣肘体育事业发展的关键环节，且其暴露出的青少年体质健康问题均表现为不同程度的缺乏体育锻炼的导向性特征。通过对国际科学研究中体育锻炼促进青少年体质健康发展相关问题的梳理，可以发现，美国、日本等国家以国家政策为关键导向、以学校体育教育为主要阵地、以社会体育组织为重要渠道的多元化青少年体质健康促进方略已逐渐显现出优势。然而也有学者的研究表明，当前通过体育运动促进青少年身体健康是最经济和最安全的方式，并且可以将体育锻炼的范围从学校延伸至社区，这对青少年的身体健康、认知水平和疾病预防与治疗都有至关重要的作用。也有部分学者在体育活动和体育锻炼可提高青少年整体生活质量、预防青少年疾病发生以及有助于治疗青少年流行的慢性病研究的基础上展开跟踪调查，指出，学校教育必须通过整合训练计划，适当提高体育活动水平和支持避免青少年久坐不活动的干预措施，帮助实现青少年全面改善神经肌肉等身体状况。综合前述内容，体育活动、体育锻炼不仅是促进青少年体质健康水平发展最绿色、最环保、最安全、最经济的首要选择，还是有效解决青少年久坐问题、预防青少年疾病发生的重要手段，并且近年来的研究也将学校体育锻炼促进青少年健康发展的范围逐渐延伸至社区、俱乐部等社会领域，甚至体育培训市场，这为提高青少年健康水平、搭建校内外一体化的桥梁，为促进青少年健康发展提供了有力保障。

国家之所重者，人才也。青年兴则国家兴，青年强则国家强。作为体育发展现代化的智力支持和重要推手，青少年的全面发展是顺利建成体育强国的核心一环。2022 年新修订的《体育法》对“学校体育”部分作出修订，其中如何切实保障青少年体育权利，促进青少年体质健康是该部分修订的重点。

具体而言，新修订的《体育法》第三章“学校体育”更名为“青少年和学校体育”，并对具体条文予以大幅改动。例如，针对学校体育领域行政管理部门职责的划分和细化，原《体育法》第十七条仅规定了教育行政部门和学校在学校体育领域的地位，忽略了体育行政部门在学校体育领域的功能空间。事实上，体育行政部门参与我国学校体育的建设与发展已经成为当下的一种实际状态，并且为我国青少年健康成长提供了支持和帮助。此次新修订的《体育法》第二十五条将体育行政部门加入进来，体现了立法者充分考虑到了青少年和学校体育工作开展中的实际情况，不仅有利于在青少年和学校体育发展战略下多部门、多领域、多层次的协同配合，还有助于进一步健全监管、评价体系，逐步提升整个青少年和学校体育领域相关工作的系统性和完整性。

在体育教师的配备和待遇方面，第三十一条是对原《体育法》第二十一条的修改。具体言之，体育教师数量不足一直是阻碍我国学校体育良性发展的难题。原《体育法》对此的规定是“学校应当按照国家有关规定，配备合格的体育教师，保障体育教师享受与其工作特点有关的待遇”，新修订的《体育法》第三十一条，将“配备合格的体育教师”修改为“配足合格的体育教师”，一字之改，起到切实保障青少年接受体育教育的权利、促进青少年健康成长的作用。

新修订的《体育法》新增的条文中，第三十六条最引人注目。该条规定：“教育行政部门、体育行政部门和学校应当组织、引导青少年参加体育活动，预防和控制青少年近视、肥胖等不良健康状况，家庭应当予以配合。”长期以来，青少年的体质健康都是党和国家关心的重点。习近平总书记十分关心青少年的健康成长，将其与国家前途、民族希望、中国梦联系在一起，指出“没有青少年健康成长，国家就没有远大发展”。但是，尽管相关政府部门发布了诸如《综合防控儿童青少年近视实施方案》《儿童青少年肥胖防控实施方案》等多份政策文件，然而目前我国近视低龄化问题仍然突出，儿童青少年肥胖问题依然不容乐观。面对这个问题，新修订的《体育法》给出的方案是，将防控儿童青少年近视、肥胖问题提高到法律的层面，协调多个部门、组织对这一问题采取措施。这一做法充分彰显出我国呵护儿童青少年体质健康的坚定决心。

青少年健康是全民健康的基础，新修订的《体育法》贯彻落实“健康第一”的教育理念，为深化具有中国特色的体教融合发展，推动青少年文化学习和体育锻炼协调发展，促进青少年健康成长，起到法治的引领和保障作用。

由此可见，无论是从实践层面还是从法律层面，体育之于青少年身心健康促进都具有重要意义。因此，新时代体育干预的研究与发展是现实之需。

（三）青少年心理健康与体育干预

与以往任何时代不同的是，新时代的青少年所处的社会环境、所面临的经济发展方式以及人际交往方式等具有多变性、复杂性、模糊性和不确定性的特征。青少年心理问题也呈现出以上特点，因此促进青少年心理健康的重要举措，是要构建良好的青少年心理健康生态系统，发挥生态场的作用力。我们必须重视教育生态发展观建设，让学生身心和谐健康发展，让师生、生生和谐相处，让亲子关系和谐幸福，构建良好的校园文化环境和教育生态环境，才能有利于青少年的身心发展，提升青少年的心理健康水平。

据有关资料，美国约有20%的青少年存在心理健康问题，横向比较，城市青少年存在心理健康问题的人数比例要高于农村青少年。中国青少年研究中心调查也指出，目前我国至少有3000万青少年受到情绪障碍和行为问题的困扰，并且青少年心理健康问题逐年增多。而通过家庭环境、学校教育、社会氛围等方式改善青少年身心健康的研究已成为国内外热点话题。从各类研究中不难发现，心理健康、抑郁症、焦虑、家庭、学校、俱乐部、父母等因素和青少年心理健康问题也已成为目前国际研究的重点话题。部分学者的研究表明，家庭健康意识、家庭体育活动意识、经济和教育环境、学校的运动环境和社区设施等都影响青少年体育锻炼行为的发展方向，同时对青少年体育锻炼习惯的养成和身心发展健康产生影响。一项针对广泛的青少年的调查研究表明，体育锻炼不仅对青少年健康状况有良好的促进作用，还对个人主观幸福感有着显著的积极影响。国外学者通过对10岁至17岁青少年体育活动在促进心理健康和心理问题解决方面的作用进行了实验研究，结果表明身体活动对青少年确实具有促进心理健康的积极作用，并强调需要鼓励和帮助青少年参与体育活动和体育锻炼，从而积极促进其心理健康。目前国内外的研究动态主要集中在“身体活动”促进青少年身心发展，以及家庭、学校、社区多位一体的方式及通过环境来对青少年身心健康产生综合影响等方面。

2021年，“中国儿童青少年精神障碍流行病学调查”结果显示，全国儿童青少年精神障碍流行率为17.5%。为此，教育部明确将抑郁症筛查纳入学生健康体检内容，建立学生心理健康档案，评估学生心理健康状况，对测评结果异常的学生给予重点关注。青少年健康离不开身心的全面发展。面对日益增多的青少年心理健康问题，学校、家庭与医疗机构如何携手为青少年的“美丽心灵”构筑起防护屏障？全国人大代表李久存提出议案，认为加强青少年心理健康教育迫在眉睫。他指出：由于心智尚不成熟，青少年往往缺乏一定的辨别能力和自控能力，受到内在情绪和外界环境的影响，容易出现不良情绪，进而引发一些过激行为。他建议逐步建立学校、家庭、社会相结合的专业心理辅导网络，对青少年的心理异常情况做到早发现、早干预。

相关研究显示，11 岁至 18 岁是一个人身体和心理发育最为迅速的时期。处于这一阶段的青少年，由于心智尚不成熟，缺乏一定的辨别能力和自控能力，比较容易受到内在情绪和外界环境的影响。特别是身处当下信息爆炸的时代，伴随着成长的欣喜、生活的苦恼、学习的压力、情感的吸引等多种感情的交织，受不良信息和不正风气的影响，部分青少年极易出现心理上的偏差。李久存指出，这些问题如不能及时得到有效疏导和解决，极可能导致青少年出现精神类疾病，有的甚至导致一些恶性事件的发生，令人痛心。出现这样的问题，他认为原因来自三方面：

第一，一些青少年恶性事件的发生，主要原因是其个体分辨能力不强、缺乏足够的自控能力，容易被网络中的有害信息和不良示范影响。尤其是网络游戏和各类短视频的兴起，很多青少年沉溺其中无法自拔，会不自觉地沾染一些不良习惯。青少年正处于成长叛逆期，面临各种生活和学习的烦恼，如重要考试前焦虑、成绩不好担心家长责骂、同学关系相处不融洽等。这些压力如果没有得到及时适当疏导，会影响他们的身心发展。生活中，有的孩子不知如何合理宣泄不良情绪，会模仿网络或影视作品中的一些行为，有的会造成不良影响，甚至酿成祸端。此外，有些家长过于宠溺、纵容孩子，在孩子犯错时没有及时指正教导，也是造成他们认知出现偏差，滋生心理问题的原因之一。

第二，学校对心理健康教育重视不够，心理辅导教师配备不足或作用发挥有限。一些学校已配备专业的心理教师，但这部分心理教师进入学校后往往被安排很多与本职工作无关的繁杂工作，导致对心理教学工作无法专心投入。在有的学校，从事心理辅导的人员仍然从班主任、教学骨干、德育工作者中选拔，他们一般只进行过非常简短的培训，对心理辅导的基本理念理解得非常肤浅。另外，当前中小学教师对青少年心理健康教育仍认识不足，重视文化教育远远高于心理教育，从根本上忽视心理健康教育对个体成长的重要性。

第三，家庭教育与学校教育融合不够。现实中，不少家长与老师缺乏适当的沟通了解，家长不了解孩子在学校的情况，老师不清楚孩子的家庭教育和家庭氛围等，学校教育与家庭教育存在脱节，二者无法形成合力，难以做到共同解决问题。

基于上述情况，首先，需要大力加强青少年心理问题预防知识宣传。建议相关部门和学校定期向家长宣传和解读心理问题预防知识，提高家长的预防意识，对于青少年心理异常情况予以更多关心。教育机构应对工作人员进行全员培训，了解青少年心理健康的基本知识，配备足量的心理健康教师。其次，组织开展心理健康评估。可以借助互联网等科技手段，设计简便、标准化的心理健康评估系统。教育部门和社会公益组织也要指导家长、学校使用专业软件对青少年心理健康状况开展定期评估，尽早识别一些异常情况，做到早发现、早干预。再次，开设心理辅导活动课。国家层面要鼓励学校和社会组织开展形式多样的心理健康辅导活动，将心理辅导列入学校课程内容，通过心理健康教育进教材、进课堂，保证开展这项工作的人员和时间配置。有需求的青少年能够方便快捷地找到合适的途径进行咨询，得到建设性意见和解决措施。对青少年普遍存在的不良情绪或心理问题，学校应该引起高度重视，设置专门的课程进行指导。最后，学校、家庭、社会齐抓共管。将心理辅导的范畴逐步由学校延伸至家庭与社区。青春期是青少年成长的重要转折时期，青少年学生心理健康问题是新时代背景下全社会面临的重大公共问题，需要学校、家庭、社会共同应对，齐抓共管。

与此同时，有研究显示，体育干预青少年自闭症、抑郁症、网瘾等不同心理问题确有效果：家庭与社区网络联动干预（医疗体育即体育康复手段），对青少年抑郁症具有治疗效果，有利于青少年心理健康；可通过体育干预手段预防和辅助治疗青少年心理问题，提高青少年抗挫折能力，并强化家庭、学校、社会多方协作能力。因此，新时代体育干预之于青少年心理健康研究具有重要的意义，体育学科需与其他学科共同推动青少年身体健康与心理健康进程。

第二章 青少年体育干预健康促进的相关概念

一、健康

（一）健康的概念

大多数人认为健康就是一个人身体健康的状态。但是在科学发展水平很高的今天，我们了解了影响一个人健康的因素有很多。健康是“身体、思想和精神之间的一种平衡状态”。健康是指一个人在身体、精神和社会等方面都处于良好的状态。在促进健康的范围内，健康被认为是达到目的的一种手段，表示为一种资源，使人们能够达到个人、社会和经济都良好适应的生活状态。世界卫生组织表示，健康是生命的资源，是一个非常积极的概念，强调社会和个人资源以及身体能力。当让他们思考生命中最珍视的是什么时，大多数人几乎会一致表明他们的健康是最宝贵的。“Wellness”与“Health”这两个词翻译过来意思都是“健康”。而在英文中，Wellness 是 Health 更全面升级的版本。Wellness 是对 Health 的战略关注，它平衡了一个人生活的多个方面。健康是通过增加和采用促进健康的条件及行为而不是减少疾病或减少疾病发生的条件来实现的。健康也是个人积极的选择及决定生活方式的积极过程，影响人类生命的质量和寿命。1984 年，世界卫生组织又扩展了健康的内涵，提出了人体健康的十大标准。概括起来，健康涵盖身体、心理、社会适应能力和道德情操四个维度。健康的内涵与外延，健康的精准适度，还必须不断探索隐藏在健康背后的不为人知的奥秘。因此，世界卫生组织的健康四要素只是人们对健康的认知基线，人类对未来健康的认知仍然在不断探索、扩展、延伸中。

根据学者们的研究观点，健康的概念是指对生活质量的衡量与评价，包括身体、情感、智力、精神、人际和社会以及环境等多个方面。健康不仅仅是生物的功能性和代谢效率的水平，健康一词也常用在许多非生物且对人类有影响的物体方面，例如健康社群、健康城市或是健康环境等。对人类而言，健康是指个人或群体面临生理、心理或社会的挑战时，适应及自我管理的能力。后来也有研究提出新的定义，有些研究定义将健康及个人的满足相关联。例如国际健康功能与身心障碍分类系统（ICF）及国际疾病与相关健康问题统计分类（ICD）等国际分类系统，也常用来定义及衡量健康的组成。有关预防及治疗人类健康问题及促进人类健康的系统性活动会由医疗保健服务机构进行。目前所知有许多因素会影响个人健康的状态，例如家庭背景、生活形态、经济条件、社会条件及心理状态，这些称为“健康决定因素”（determinants of health）。研究显示，过大的心理压力会影响健康，然而每个人对压力的承受能力也截然不同。

另外，有观点认为对任何生物体而言，健康是一种动态平衡。这是一种平衡的状态：均衡地输入和输出能量和物质（甚至允许生长）。也有观点认为健康也意味着有继续生存的期望。例如对有情感的人类，自存在以来就有追求生理面与精神面两种更好的生活方式，所以对健康的认知与要求会有更广的概念。健康与生病不是绝对的对立面，而是相对的有过渡性阶段的状态。处于此阶段的人，称为亚健康。据世界卫生组织全球性调查指出，全球只有5%的人群处于健康状态，20%的人群经医生确诊为生病状态，而有75%的人群处于亚健康状态。长期处于亚健康状态，而无法排除影响健康的因素，可能导致人们往生病状态靠拢。亚健康的主要因素有以下四点：一是过度疲劳；二是心血管疾病（无病征，无征兆）；三是衰老；四是生命周期。完全的健康需要每天注意饮食和保健，调节好每一天人体的八大系统，使细胞健康。

（二）健康状况

为了厘清概念，对健康状况类别进行归纳可能会有所帮助。健康状况是指一个人目前的健康状态，通常包括健康、患病或死亡。当然，个体可以跨越这个连续状态，通过治疗方案、行为和生活方式的改变等来改善他们的健康状况，试图避免死亡（除非他们患有不可治愈或不可逆转的疾病或残疾）。学者们通常使用以下四个类别来解释健康和不健康、痛苦、死亡之间的区别：

人类健康状况分类为：（1）健康的——没有疾病、伤害或残疾的迹象或症状；（2）不健康的——受疾病或伤害感染的；（3）痛苦的——由于疾病或伤害而致残、受损或依赖的；（4）死亡——由于某种痛苦或多种痛苦的结合而不再活着。

健康指标：描述健康问题和确定趋势的统计数据或健康数据，帮助决策者在设计、实施和评估作为健康指标的健康教育项目时确定优先事项和改善健康状况。

危险因素：遗传、环境和行为影响可能引发疾病和不健康。不健康疾病的危险因素可分为可改变的、半可改变的和不可改变的（图2-1）。

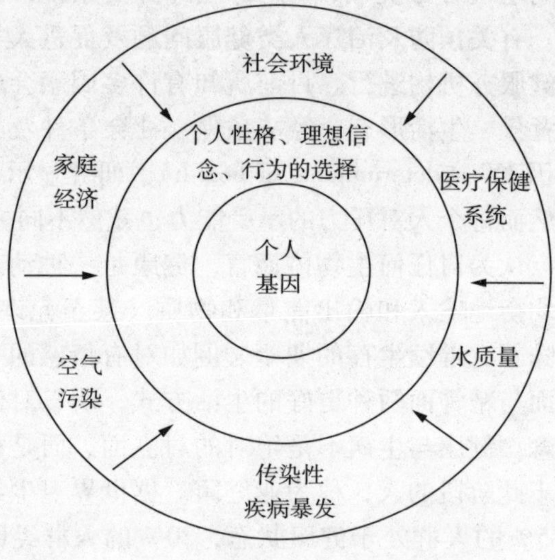

图2-1　不健康的多种影响因素

二、体质健康

（一）体质的概念

体质是指个体特有的性质，一般指健康状况、抵抗疾病能力、对外界的适应力，由先天遗传和后天获得所形成。此语境对应的英语为 diathesis，也包括身体的形状、体适能、体力。早期体质人类学研究偏重人种之间的体质差异，如肤色、发型、头型和体质，这不免因联结到种族歧视概念而受到质疑。近年来对于现在人类的研究，偏向生物化学方面，如血型与镰状红血球症及天花的关联，以及人类基因图谱的建立，并从 Y 染色体与粒腺体 DNA 的研究，追溯人类的演化迁徙路线。

对于“体质”这一概念，我国学者认为，学术界集中以医学、人类学与体育学三个学科为主要研究领域，不同学科视角的切入也使得对“体质”这一概念有了不同的理解。从医学角度，体质这一名词最早可追溯到2000多年前的《黄帝内经》，书中通过阴阳五行对体质与养生进行详细的论述，现代医学界则是从解剖学、生理学的角度对人体的结构、功能、机能的状态进行描述，同时分析其对某些物质的特异反应和对某些致病因素的易感性。从人类学的角度看，20世纪初，以蔡元培先生为代表的学者已开始体质人类学领域的研究。体质人类学研究的主要内容是：（1）人类的体质进化；（2）不同人类体质的分布特征及形成机理；（3）人类的生长、发育以及遗传和变异的关系等。从体育学角度出发，最早“体质”在体育中出现是在“发展体育运动，增强人民体质”的方针政策中，但是一直没有明确其概念界定，直到在1982年的泰安会议中对体质作了明确的界定，认为体质是指人体的质量，它是在遗传性与获得性基础上所表现出来的形态结构、生理功能、心理因素、身体素质、运动能力等方面综合的、相对稳定的特征。与医学领域不同的是，体育学界将心理层面也认定为体质的范围内。与日本、美国等国家的研究比较发现，中国与日本对体质的定义基本一致，主要分为身体层面和精神层面。但是，美国的相关概念中并没有与我国“体质”完全一致的词汇，唯一较为相近的是 Physical Fitness，可理解为：身体系统的有效运作能力（The ability of the body system to work together efficiently），这一概念共有11个组成部分，其中包括 Health-related PF（力量、耐力、身体成分）和 Skill-related PF（灵敏、平衡、协调、反应、速度）与我国对于体质的身体层面界定基本一致（表2-1）。

表2-1　体质涵盖的范畴

范围	涵盖内容
形态	体格、体型、成分、姿态等
素质	速度、力量、耐力、灵敏、柔韧等
机能	呼吸、循环、代谢、感觉、平衡等
心理	自尊自信、协调与应对、幸福满足感等
适应	自然、社会、心理等

（二）体质健康

基于体质概念的基础上，体质健康则可以定义为遗传性与获得性基础上所表现出来的形态结构、生理功能、心理因素、身体素质、运动能力等方面综合的、相对稳定的特征良好。

新中国成立70多年来，党和国家一直非常关心和重视广大学生的身体健康，原国家教委、原国家体委等有关部门从鼓励和推动学生积极参加体育锻炼、增强学生体质的目的出发，在不同时期先后制定了《准备劳动与卫国体育制度》《国家体育锻炼标准》《大学生体育合格标准》《中学生体育合格标准》《小学生体育合格标准》以及初中毕业生升学体育考试办法等一系列制度，并于2002年开始在全国试行《国家学生体质健康标准》。这些制度的制定和实施，对于增强学生体质，促进我国学校体育工作具有积极作用，其突出地表现为三点：（1）对于贯彻落实《体育法》《全民健身计划》和《学生体育工作条例》，保证体育课教学，以及对于早操、课间操和课外活动的开展都起到了重要的促进作用；（2）有利于学生按照要求参加体育锻炼，促进学生身体素质的发展和自觉参加体育活动行为习惯的养成；（3）通过这些标准的测试和评价，有效地促进了学校体育工作的开展，对于学校体育评价发挥了重要的作用，是学校体育总体评价的重要内容。

中国学生体质健康测量与评价制度的演变和发展，是与我国不同时期社会、经济、科技、文化和教育的发展水平相适应的；是与全国提高青少年的身体健康素质、满足国家对受教育者的全面发展和培养人才战略的基本要求相一致的。新的《国家学生体质健康标准》是在新的历史条件下，根据社会发展的变化要求，面对新的情况、新的问题所采取的积极措施。《国家体育锻炼标准》《学生体质健康标准（试行方案）》的制定、颁布和实施，促进了学生体质健康测量与评价制度的发展和完善，为新的标准积累了丰富的经验，了解这些标准的演变和发展，以及当时的社会背景，将有利于正确认识并实施新的《国家学生体质健康标准》。2014 年，依据全国学生体质情况制定的最新《国家学生体质健康标准》，旨在培养学生参加体育锻炼的积极性。

三、心理健康

心理健康（mental health）也称为精神卫生，是指心理幸福安宁的状态，“一个情绪及行为调整都运作相当良好的人，当时的心理状态”。若以正面心理学的观点来看，心理健康也包括一个人有能力去享受生活，在生活的各种活动及不断努力的过程中取得平衡，以达到心理弹性。

根据世界卫生组织的定义，心理健康包括“主观的幸福感、可感知的个人效能、自主性、与他人的互动、可以实现个人在智能及情感上的潜力等”。世界卫生组织进一步指出个人的幸福包括实现其能力、可以克服平常生活中的压力、富有成效的工作以及对群体的贡献。文化差异、主观评估及许多有关的专业理论都影响着“心理健康”的定义方式。由心理分析学家西格蒙德·弗洛伊德提出的另一种心理健康的定义是：“有工作及爱的能力”。

另有学者研究认为，心理健康是指心理的各个方面及活动过程处于一种良好或正常的状态。心理健康的理想状态是保持性格完好、智力正常、认知正确、情感适当、意志合理、态度积极、行为恰当、适应良好的状态。心理健康受到遗传和环境的双重影响，尤其是幼年时期原生家庭的教养方式，对心理健康的发展影响甚大。心理健康突出体现在社交、生产、生活上能与其他人保持较好的沟通或配合，能较好地处理生活中发生的各种情况；个体能够适应发展着的环境，具有完善的个性特征；且其认知、情绪反应、意志行为处于积极状态，并能保持正常的调控能力；在生活实践中，能够正确认识自我，自觉控制自己，正确对待外界的影响，从而使心理保持平衡协调。做到以上几点，就已具备了心理健康的基本特征。与心理健康相对应的是心理亚健康以及心理病态。

但是心理健康从不同的角度有不同的含义，衡量标准也有所不同。心理健康是与现代人健康不可分割的重要方面。人的生理健康是有标准的，人的心理健康也是有标准的。不过人的心理健康标准不及人的生理健康标准具体、客观。了解与掌握心理健康的定义对于增强心理健康意识与维护人们的健康有很大的意义。人们只有掌握了衡量心理健康的标准，并以此为依据对照自己进行心理健康的自我诊断，才能发现自己的心理状况某个或某几个方面与心理健康标准有一定距离，从而有针对性地加强心理锻炼，以期达到心理健康水平；如果发现自己的心理状态严重地偏离心理健康标准，就要及时地求医，以便早期诊断与早期治疗。

总体而言，心理健康的人有健全的“自我”，对自己有正确的认识，并能对自己进行客观的评价，能对自己的个性倾向性和个性心理特征进行有效的控制和调节。心理健康的人热爱生活，能深切感受到生活的美好和生活中的乐趣，积极憧憬美好的未来；能在生活中充分发挥自己各方面的潜力，不因遇到挫折和失败而对生活失去信心；能正确对待现实困难，及时调整自己的思想方法和行为策略，以适应各种不同的社会环境。

然而，仍有不少人认为生理健康和心理健康是两个没有关系的概念。实际上，这是不正确的。在现实生活中，心理健康和生理健康是互相联系、互相作用的，心理健康每时每刻都在影响人的生理健康。如果一个人性格孤僻，心理长期处于一种抑郁状态，就会影响内激素分泌，使人的抵抗力降低，疾病就会乘虚而入。一个原本身体健康的人，如果老是怀疑自己得了什么疾病，就会整天郁郁寡欢，最后导致真的一病不起。因此，在日常生活中，人们一方面应该注意合理饮食和身体锻炼；另一方面更要陶冶自己的情操，开阔自己的心胸，避免长时间处在紧张的情绪状态中；如果感到自己的心情持续不快时，要及时进行心理自我调适，必要时到心理门诊或心理咨询中心接受帮助，以确保心理和生理的全面健康。从大量研究及结果可知，心理健康与生理健康或体质健康相互影响、相互促进。

综上所述，心理健康是指一种持续且积极发展的心理状态，在这种状态下，主体能做出良好的适应，并且充分发挥其身心潜能。心理健康教育是“新健康教育”的一个重要组成部分，它是以培养身心健康的社会公民为目的，通过运用健康管理的方法，以校园环境、功能环境的改善为主，人文环境的改善相配合，以老师和学生两个主体，提供科学、健康、专业的指导。例如“新健康教育”在学校建立专门的健康指导室（心理咨询室），配备专业的心理咨询师长期驻校，以开设心理课程和开展课外活动等方法引导学生的健康心理发展。同时，开设“亲情聊天室”，为亲情的联结打开通道，为学生们的健康成长铺就一条畅途。

概括来看，青少年心理健康标准包括以下几个方面：（1）智力正常；（2）有情绪的稳定性与协调性；（3）有较好的社会适应性；（4）有和谐的人际关系；（5）反应能力适度与行为协调；（6）心理年龄符合实际年龄；（7）有心理自控能力；（8）有健全的个性特征；（9）有自信心；（10）有心理耐受力。心理健康的青少年，在乐观、满意等积极情绪体验方面占优势；尽管也会有悲哀、困惑、失败、挫折等消极情绪出现，但不会持续长久，他们能够适当表达和控制自己的情绪，使之保持相对稳定。他们对自己有充分了解，清楚自己存在的价值，对自己感到满意，并且努力使自己变得更加完善；对自己的优点能发扬光大，对自己的缺点也能充分认识，并能自觉地努力去克服；有自己的理想，对未来充满信心，在学习、工作等各方面不断取得新的成就。心理健康的青少年，有积极、良好的人际关系；尊重他人，理解他人，善于学习他人的长处补己之短，并能用友善、宽容的态度与别人相处；在别人面前能做到真诚坦率，从而容易得到别人的信任，并建立起融洽的人际关系；在集体中威望很高，生活充实。

四、健康促进

健康促进（health promotion）这一词语，是1986年11月21日世界卫生组织在加拿大渥太华召开的第一届国际健康促进大会上首先提出的，是指运用行政的或组织的手段，广泛协调社会各相关部门以及社区、家庭和个人，使其履行各自对健康的责任，共同维护和促进健康的一种社会行为和社会战略。

根据世界卫生组织的定义，健康促进是指促使人们提高与改善健康状态的过程。在美国一般采用狭义的健康促进定义，即指帮助人们改变其生活习惯以达到理想健康状态的一门科学与艺术。世界公认的、认可度最高的便是《渥太华宪章》中所下的这一定义。健康促进是涵盖社会变迁和政治改革的综合过程，它不仅能增强个人技能和能力，还可以通过改变社会、环境、经济条件来减少对大众和个人的影响。即健康促进是增强人们对健康决定因素的控制能力，还包括改变社会、环境、经济的条件来减少对大众和个人的影响从而改变其健康的过程。1986 年，世界卫生组织在加拿大渥太华召开的第一届国际健康促进大会上通过的《宪章》，其中包括健康促进的基本原则：（1）健康政策宣导落实（政策）；（2）创造有利环境（环境）；（3）强化社区行动（社区）；（4）发展个人技能（个人技能）；（5）重新调整卫生服务（服务）；（6）迎向未来（未来）；（7）健康促进的制定与实施；（8）健康促进计划的制订与实施与其他的规划一样，需要理论和实际相结合。理论是前人在经验和教训之上总结出来的，但是没有一个理论可以适应现实中的所有情况。根据具体的情况，遵循一定的程序，将各种理论结合，再做出具体的微调，是制订一个健康促进计划的标准模式。例如医院健促——医院的健康促进，有针对医师、护理人员进行健康介入，以预防医护人员压力过大的情形发生。改善方向以组织环境改善、个人压力调适为主要介入措施，如问卷、个案追踪比例、辅导咨询服务。健康促进的评价，是为了给实施类似的计划提供借鉴，以便今后的计划能够达到更好的健康促进效果。一份完整的健康促进评价包括计划的实施者，以及其他人可以吸取计划的经验和教训，需要对已经进行的计划进行评价和总结。对进行的健康促进计划进行评价和总结也是给予计划的利益相关者信息反馈的需要，让计划的利益相关方：政府、非政府组织、社区相关人员，以及捐款方了解健康促进计划进行的情况。2000 年的第五届全球健康促进大会上，世界卫生组织前总干事格罗·哈莱姆·布伦特兰对健康促进作出了更进一步的阐释："健康促进就是要使人们尽一切可能让他们的精神和身体保持在最优状态，宗旨是使人们知道如何保持健康，在健康的生活方式下生活，并有能力做出健康的选择。"所以，健康促进的核心就是增权（empowerment），增权是指使人们得到更大控制其影响健康的决策和行动的能力的过程。健康促进远远超出了简单的通过信息传递、行为干预等方式来改变人行为方式的健康教育的范畴。健康促进要求调动一切可以调动的力量（社会、政治、经济），改变人们的自然和社会环境，从而达到维护和促进健康的过程。许多研究文献对健康教育与健康促进进行辨析，不同国家对于两者概念的定义并不相同。美国等国家认为两者的含义相近，可互为替换词，并认为广义的健康教育包含健康促进。但是，很多健康专家和学者认为，两者存在较大的差异，认为健康教育是健康促进的重要组成部分，健康促进不仅是从知识、态度、机能等角度出发针对个人因素进行，还包括环境等一切能改变的因素。目前公认的健康促进的五个层次分别为：个体水平、人际水平、组织水平、社区水平以及公共政策水平，不同水平都可以直接和间接地影响个体行为，两者之间存在交互，却不尽相同。

本书借鉴并认同《渥太华宪章》及布伦特兰的观点，对体质健康促进进行定义：体质健康促进是在健康教育的基础上产生的，体质健康促进是促使人们维护和改善自身体质健康的过程，体质健康促进就是要使人们尽一切可能让他们的精神和身体各项维度保持在最优状态，宗旨是使人们知道如何保持体质健康，在健康的生活方式下生活，并有能力做出健康的选择。本书赞同健康教育是健康促进的重要组成部分的观点。因此，本研究中的健康促进为一种社会行为和社会战略的集合。

五、体育干预

近年来，青少年肥胖、近视等健康问题引起社会广泛关注。国家卫生健康委员会发布的《中国居民营养与慢性病状况报告（2020 年）》显示，我国 6 ~ 17 岁儿童青少年超重肥胖率已接近 20%。国家卫健委开展的近视专项调查数据显示，2020 年，我国儿童青少年总体近视率为 52.7%，其中小学生为 35.6%、初中生为 71.1%、高中生为 80.5%，近视问题十分突出。而户外活动、体育锻炼时间不足，正是引发青少年健康问题的重要原因之一。同时，有不少青少年及其家长反映，学校体育教育仍有不少薄弱环节，亟待加强。为此，十三届全国人大常委会第三十四次会议审议了《体育法》修订草案二审稿，针对青少年近视、肥胖等健康问题，提出应有效开展“体育干预”；强调要重视“体育疗法”，并明确了教育行政部门、体育行政部门、学校和家庭应当组织、引导青少年参加体育活动；规避体育课常被取消或占用，改善学生户外活动时间偏少等情况。为了避免出现青少年健康问题，促进青少年健康成长，学校体育教育应发挥重要作用。

宋代朱熹在《朱子全书·为学之方》中提到“干预”一词，“大抵为己之学，于他人无一豪（同毫）干预。”此处的“干预”意为关涉、关系、涉及。干预，在《现代汉语规范词典》中的释义为过问、干涉，意思是指过问本未参与的事情，达到干扰别人的效果。

目前，对体育干预的研究仍有待探索。大多数研究仅以运动干预为主要内容与方式。而体育干预本身作为一种手段，以促进身心健康，所涵盖的面不仅仅限于身体活动层面的运动干预。有学者研究认为，运动干预的作用是运用体育运动的方法辅助疾病治疗，运动干预包括被动运动干预和主动运动干预：主动运动干预是指具备活动能力的患者，参加一定形式的体育锻炼；被动运动干预适用于因疾病或创伤暂时丧失肢体活动能力的人。然而，体育干预是指以躯体运动作为教育手段，提高个体或群体能力发展为目标的一种手段。体育干预是根据人的身体健康状况及心理的发展特点设计教学方案，选择合适的训练场所，进行有针对性、有目的的体育锻炼活动，进而使人的行为、身体素质及运动能力得到有效的提高。也有学者研究显示，通过家庭—校园—社区密切合作，共同改善人的健康状态，通过行为代替和体育干预提高人的精神状态和健康意识，增强其社会适应能力，锻炼其身体素质，从而改善其身体形态，使得其认知、情绪和坚持性等方面明显进步。这些研究多关注于体育干预的方式、策略，在创新模式、指标评价、机制构建等方面的研究空间较大，仍需增加对于如何干预、如何评价等深层次机制问题的关注，特别是对青少年身心健康促进的体育干预机制如何运行和保障等的研究仍存在一定的提升空间。

第三章　青少年身心健康与体育活动开展现状分析

青少年身心健康与体育活动的现状是研究当前青少年体育干预健康促进的基础与切入点。本章研究结合青少年的生活、学习特点，运用创伤后应激障碍问卷（DSM-IV）、心理健康问卷（PHQ-4）、青少年体育活动与营养调查问卷（NYPAN）等内容，调查大流行时期青少年身心健康与体育活动开展现状；同时，分析了青少年家庭体育开展现状、特征、决策模式以及体育中考背景下的青少年家庭体育开展情况，深入探讨青少年体育活动开展的相关因素、制约因素、身心健康影响因素。

一、青少年身心健康状态分析

本书进行了创伤后应激障碍问卷（DSM-IV）、心理健康问卷（PHQ-4）调查。

不同变量下青少年 DSM-IV、PHQ-4 得分比较，见表 3－1 所列。

表 3－1　不同变量下青少年 DSM-IV、PHQ-4 得分比较

变　量	变量水平	人数	DSM-IV	*F/t*	*P*	PHQ-4	*F/t*	*P*
性别	男	396	9.78±8.81	4.043	0.045（<0.05）	3.99±2.81	3.546	0.214（>0.05）
	女	400	8.17±7.55			3.74±2.76		
居家状态	未居家观察	541	9.65±8.93	8.069	0.005（<0.05）	2.17±3.09	4.364	0.037（<0.05）
	居家观察	255	8.02±7.39			1.72±2.7		
文化层次	小学	238	7.58±7.71	3.455	0.032（<0.05）	2.67±3.50	3.096	0.046（<0.05）
	初中	413	8.73±8.59			2.79±3.72		
	高中	145	9.59±912			3.38±3.53		

创伤后应激障碍 DSM-IV 得分范围为 0～51 分，样本平均得分为（7.8±7.3）分。7%（*N*=56）的被访者显示出现创伤后应激障碍，分值≥20 分阈值。心理健康问卷得分范围为 0～12 分，根据 PHQ-4 得分≥3 分为显

性症状，平均得分为 2.6±1.6 分。18.8%（$N=150$）的青少年 PHQ-4（1～2 题）得分显示出现了焦虑症状，16.7%（$N=133$）的青少年 PHQ-4（3～4 题）得分显示出现了抑郁症状。不同性别、文化层次、居家隔离的青少年创伤后应激反应问卷得分均呈现出显著性差异（$P<0.05$）。心理健康问卷除在性别变量下 PHQ-4 得分无显著差异（$P>0.05$），在居家状态及文化层次变量下呈现出显著性差异。

大流行时期青少年的身体质量指数 BMI 特征，见表 3-2 所列。

表 3-2　大流行时期青少年的身体质量指数 BMI 特征

变　量	BMI 指数 M（SD）/参考界值	
	男生	女生
高中	21.50（2.47）/23.1～23.8	20.64（2.07）/23.1～23.8
初中	19.58（2.61）/21～22.6	19.26（2.26）/21.9～23
小学	18.63（2.53）/18.9～20.3	17.07（2.22）/19～21.1

BMI 为重要的身体健康统计指标，研究采用 2010 年中国儿童青少年超重和肥胖筛查 BMI 界值点值。小学段调查对象为 3～6 年级青少年，初、高中学段调查对象均为 1～3 年级。依据参考界值对比统计均值，发现男生 BMI 指数均值在初、高中学段偏低，女生 BMI 指数均值都偏低。BMI 指数平均值表明青少年体重总体过轻，其中高中、初中学段的青少年体重过轻，小学段女生体重过轻而男生体重正常。饮食规律状态下，BMI 指数偏低则可能由于青少年摄入的营养不全面，所需的能量未必充分导致。虽然 BMI 指数平均值偏低，仍有少数青少年 BMI 指数偏高，意味着青少年肥胖问题依然存在。

大流行时期创伤后应激障碍、焦虑症状、抑郁症状与大流行暴露相关性分析，见表 3-3 所列。

表 3-3　大流行时期创伤后应激障碍、焦虑症状、抑郁症状与大流行暴露相关性分析

变　量	居家观察	创伤后应激障碍症状	焦　虑
创伤后应激障碍症状	0.100 **		
焦虑症状：PHQ-4（1～2 题）	0.061	0.688 **	
抑郁症状：PHQ-4（3～4 题）	0.080 *	0.606 **	0.644 **

通过创伤后应激障碍症状、焦虑症状、抑郁症状与大流行暴露相关性

统计分析，显示相关系数为 0. 1、0. 061、0. 08，*P* 值分别为 0. 005、0. 084、0. 024，两项达到 0. 01 及 0. 05 显著性水平。结果表明，居家医学观察与创伤后应激障碍症状及抑郁症状呈显著性相关，与焦虑症状无显著相关。进一步分析发现，创伤后应激障碍症状、焦虑症状及抑郁症状之间相关性系数为 0. 688、0. 606、0. 644，*P* 值均为 0. 000<0. 01，呈两两显著性相关。统计显示大流行暴露对青少年心理健康影响显著。分析认为，大流行事件本身对青少年心理健康存在性别无差异的影响且受文化层次及大流行暴露的直接影响。

不同学段青少年抑郁症状（PHQ-4，3-4）差异统计（T3），见表 3-4 所列。

表 3-4　不同学段青少年抑郁症状（PHQ-4，3-4）差异统计（T3）

文化层次	小学	初中	*F*	*Sig.*
初中	-0. 099	—	—	—
高中	0. 338 *	0. 239	4. 645	0. 010

研究发现，不同学段的青少年在焦虑症状上无显著差异。在抑郁症状上的显著性为 0. 000<0. 05，说明方差齐性不相等，则进行 Dunnett's T3 检验。大流行时期不同学段的青少年在抑郁症状因素上，总体呈显著性差异（*F*=4. 645，*P*=0. 01）。抑郁症状主要为“小学”与“高中”青少年间存在显著性差异（相关系数为 0. 338，*Sig*=0. 010）。进一步统计发现，学段越高的青少年出现抑郁的比例越大，反之比例越小。分析认为，这可能与年龄及认知有密切关系，且由于低学段青少年较之于高学段青少年的认知水平偏低导致该结果，且可能与学段压力递增有关。例如，相较于小学段青少年，初三年级青少年面临课业与升学双重压力，其中较为突出的一项压力来自考试项目练习需求与户外活动受限不能满足需求二者之间的矛盾。

大流行时期网络学习时长与青少年抑郁症状的相关分析，见表 3-5 所列。

表 3-5　大流行时期网络学习时长与青少年抑郁症状的相关分析

变　量	网络学习时长
抑郁症状	0. 672
	796
	P=0. 002

（续表）

变　量	网络学习时长
网络学习时长	1
	(0)
	$P=0.00$

经统计可知，高中和初中学段青少年网络学习时长主要集中在3～6小时，小学段青少年网络学习时长主要集中在1～4小时。分析认为，抑郁症状不仅与青少年文化层次有关，也与大流行时期网络学习时长有关。以文化层次为控制变量，将网络学习时长与心理症状进行相关分析。表3－5统计显示P值为$0.002<0.01$，说明抑郁症状与学习时长相关，进而表明大流行时期网络学习压力对青少年产生心理影响。分析认为，大流行时期青少年的心理症状影响因素可能不仅有大流行事件这一直接因素，而且有学习方式、学习时长等其他间接因素共同对青少年心理健康产生影响。

二、青少年体育活动特征、网络使用时长及饮食习惯分析

笔者通过对调查数据统计处理，发现大流行时期青少年每周进行体育活动的天数较少，多数为0天。7天周期内中高强度体育活动、低强度体育活动及力量型体育活动人次差别不大。从图3－1中可以看出，参与体育活动的青少年中大部分参与了1～3次/周的综合运动、有氧运动和力量运动。与此同时，日均网络学习3～6个小时的青少年较多，玩游戏或看视频的青少年主要聚集在1～3小时（图3－2），呈现出波形趋势。

调查显示，大流行时期青少年每日饮食次数基本规律。对于牛奶、水

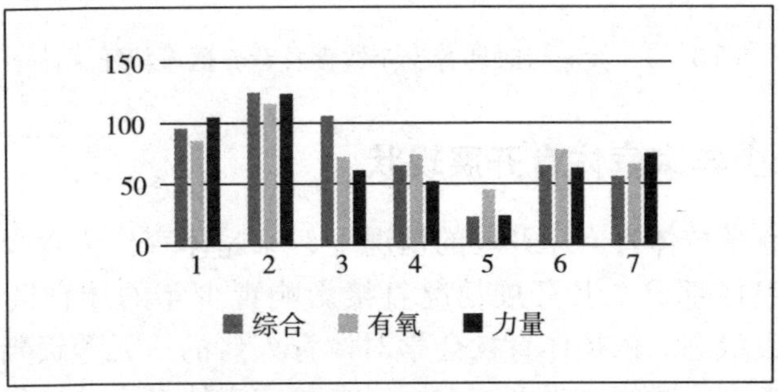

图3－1　大流行时期周均不同类型体育活动人次统计

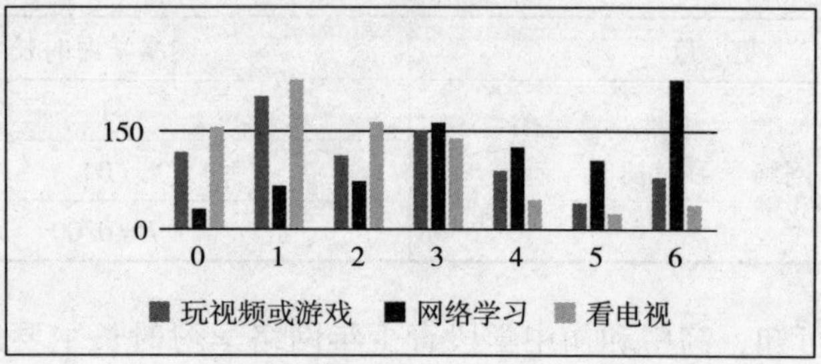

图 3－2　大流行时期日均青少年学习及游戏时间统计

果及零食的摄入统计显示多为 1 次/天（图 3－3）。调查发现，青少年蔬菜及肉类摄入多为 2～3 次/天，然而仍有少数青少年摄入量为 0～1 次/天。相较于其他因素来说，青少年大流行时期饮食习惯相对处于稳定且规律状态，但青少年 BMI 指数均值偏低，间接反映了青少年营养摄入不全面，营养摄入量不能满足所需。同时，青少年肥胖程度与每日营养摄入次数成正比。

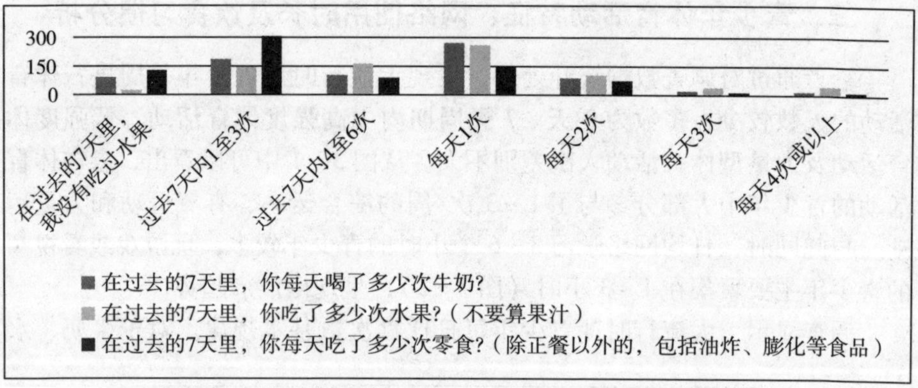

图 3－3　大流行时期青少年饮食及营养摄入特征统计

三、青少年家庭体育开展现状

青少年在学校体育有序开展的情况下，家庭体育作为青少年健康促进不可或缺的组成部分，其开展情况直接影响青少年的体育锻炼理念与习惯，甚至健康状态。依据体育社会学对体育人口的三元等级判定标准，从身体活动的频度、时间、强度三方面对参与家庭体育人口进行结构统计分析（表 3－6）。

表 3-6 体育人口等级判定标准

等级	标准
一级	年参与身体活动 1 次以上、周参与身体活动不满 2 次的人群划为一级体育人口
二级	周参与身体活动 2 次以上的人群划为二级体育人口
三级	周参与身体活动 2 次以上、每次活动时间 30 分钟以上人群划为三级体育人口
四级	周参与身体活动 2 次以上、每次活动时间 30 分钟以上、活动的主观运动强度中等偏上的人群划为四级体育人口

安徽省家庭体育人口等级分布，如图 3-4 所示。

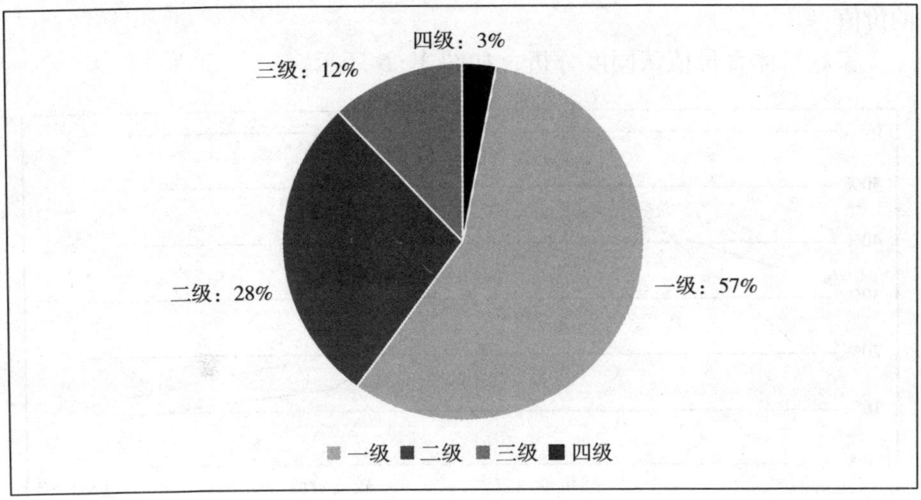

图 3-4 安徽省家庭体育人口等级分布

调查结果显示，参与家庭体育的家庭中，属于一级标准的家庭数占总数的 57%，二级标准的家庭数为 28%，三级标准与四级标准家庭数仅占 15%。分析得知，家庭经济与家庭体育人口等级成正比关系，家长受教育程度与家庭体育人口等级关系呈正态分布，家长职业水平与家庭体育人口等级成正比关系。调查发现，有的家庭中个别家长属高等级体育人口，其他成员属于低等级体育人口；有的父母同属高等级体育人口，而孩子属于低等级体育人口甚至不属于体育人口。伴随着社会建设的深入和国家体育发展及治理结构的进一步转型，家庭体育活动作为青少年体育促进的重要部分，已发生了角色的转变。青少年家庭体育人口等级差异凸显，一方面体现出家庭生活的复杂性，另一方面体现出个人选择的不确定性。然而，当前政策导向也将中考背景下的初中青少年体育的落实工作纳入学校体育范畴，并对学校体育进行评估与问责，这更使得家庭体育在中考背景下变得无力开展。

（一）青少年与家长对体育价值的认同度增长缓慢

价值观在现代体育发展中起着明显的导向和规范作用，是人们参与体育活动的一种内在驱动力。体育的正确价值认同可以帮助人们树立健康的体育观念，养成良好的体育锻炼习惯，促进体魄健康发展。青少年体育的人格价值更具有时代意义。家庭体育的价值认同往往潜移默化地在家庭成员中产生相互影响，并且具有长期影响力。家庭体育无论是从家庭体育消费对经济的促进方面、家庭体育活动对社会和谐度的提升方面、家庭体育文化对整个社会文化的补充方面，还是身体活动对人健身、修心的帮助方面，都具有重要的价值。

家庭对体育价值认同度分析，如图 3－5 所示。

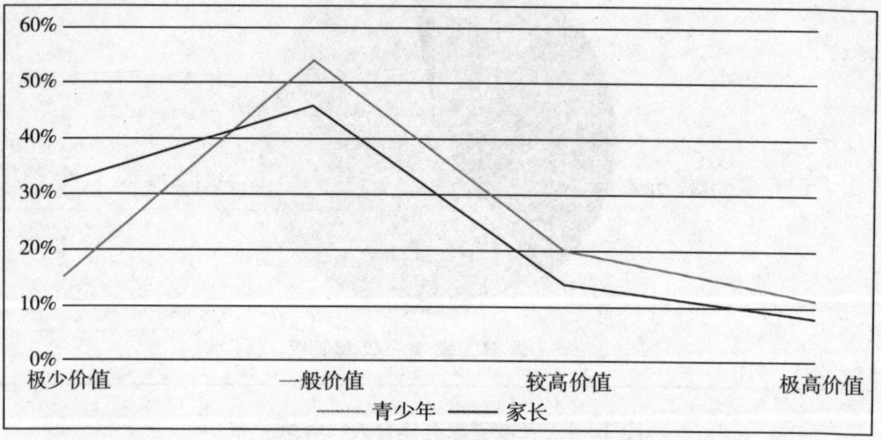

图 3－5　家庭对体育价值认同度分析

调查结果显示，家庭成员大多并不清楚了解家庭体育的多重价值，他们甚至认为体育仅仅是个人兴趣爱好或者青少年中考项目，从而忽视其自身主客观都具有的多项价值。由图 3－5 中可以看出，青少年家庭中父母对体育价值的认同度趋向于一般价值，22% 的家长认为，体育具有较高及以上价值，青少年对体育的价值认同度也趋向一般价值。总体处于对体育价值认同度一般的现状，并且家庭体育的实际行动落后于意识。部分家庭成员是由于政策及宣传效果影响而提高体育价值认同度，也有部分家庭成员由于体育中考内容改变而提高对体育价值的认同。但是，家庭成员对体育价值认同度的增长并没有在实际行动上体现，认同度与参与度仍存在差距。例如提升比例上升部分只在一般价值上，而较高价值与极高价值认同度比例仍然很低，则认同度增长趋势仍然缓慢。依结果看，体育中考背景下的青少年家庭成员的价值认同并未能最大限度地发挥积极的影响。

（二）青少年家庭体育参与的决策模式

从某种程度上来说，决策者面临的是一个既定的问题，决策者做决定的各种目的、价值或目标是明确的，而且可以依据目标的重要性进行排序。或者可以说，决策者的偏好会随着时空的变化而变化。决策者会将每一个方案，在不同的自然状态下的收益值（程度）或损失值（程度）计（估）算出来，经过比较后，按照决策者的价值偏好，选出其中最佳者。调查可知，面临中考的青少年们参与体育的方式由家长决策而定。家长对青少年参与体育的选择目标依据重要性进行排序，家庭体育方式由于重要性弱于中考而导致的排序靠后。不同时期，家长的决策也随着政策环境等因素的改变而改变，向青少年以学业要求为主转变。以体育中考为例，近十年安徽省体育中考相关内容与家长决策情况分析见表3-7所列。

表3-7　近十年安徽省体育中考相关内容与家长决策情况分析

年份	颁布政策	相关内容	考试内容	家长决策
2022	初中学业水平体育与健康学科考试工作	总分值60分。必考项目和选考项目的分值由各市教育局以及广德市、宿松县教育局自行确定。各单项测试时以0分为起点，不得设最低分	男女生各进行3个项目的考试，设必考项目和选考项目。男生的必考项目为1000米跑，女生的必考项目为800米跑。选考项目由各市、省直管县（市）教育局确定后公布	学校练习为主，中考辅导班为辅
2021	初中学业水平体育与健康学科考试工作方案	每个项目的分值各30分，总分值60分。各单项测试时以0分为起点，不得设最低分	不再设必考项目。由考生从原必考项目和各地确定的选考项目中自主选择2个项目	学校练习为主，中考辅导班、家庭练习为辅
2020	初中学业水平体育与健康学科考试工作	每个项目的分值各30分，总分值60分。各单项测试时以0分为起点，不得设最低分	不再设必考项目。由考生从原必考项目和本地确定的选考项目中自主选择2个项目	学校练习为主，家庭练习为辅

（续表）

年份	颁布政策	相关内容	考试内容	家长决策
2019	初中学业水平体育与健康学科考试工作	2019年初中毕业升学体育考试的总分值为60分，计入学生中考的升学录取总分。必考项目和选考项目的分值由各市、省直管县（市）教育局自行确定	男女生各进行3个项目的考试，设必考项目和选考项目。男生的必考项目为1000米跑，女生的必考项目为800米跑	学校练习为主，中考辅导班为辅
2018	初中学业水平体育与健康学科考试工作	2018年初中毕业升学体育考试的总分值定为不低于60分，计入学生中考的升学录取总分。必考项目与每个选考项目的分值由各市、省直管县（市）教育局自行确定	男女生各进行3个项目的考试，设必考项目和选考项目。男生的必考项目为1000米跑，女生的必考项目为800米跑。选考项目由各市、省直管县（市）教育局确定，并在考试前2个月向考生公布。选考项目应列出若干个，让考生从中选择	学校练习为主，中考辅导班为辅
2017	中考体育成绩的评定方法	2017年初中毕业升学体育考试的总分值为60分，其中统一考试分值50分，日常锻炼分值10分。初中毕业升学体育考试总分值60分计入学生中考的升学录取总分	男生：1000米跑（必考）、篮球运球或原地双手投掷实心球和足球运球（选考一项）、立定跳远或1分钟跳绳（选考一项）；女生：800跑（必考）、篮球运球或1分钟仰卧起坐或足球运球（选考一项）、立定跳远或1分钟跳绳选考一项）	学校练习为主，中考辅导班为辅

（续表）

年份	颁布政策	相关内容	考试内容	家长决策
2016	初中学生毕业升学体育考试项目及标准	2016年初中毕业升学体育考试的总分值为60分，其中统一考试分值50分，日常锻炼分值10分。初中毕业升学体育考试总分值60分计入学生中考的升学录取总分	男生：1000米跑（必考）、篮球运球或原地双手投掷实心球和足球运球（选考一项）、立定跳远或1分钟跳绳（选考一项）； 女生：800跑（必考）、篮球运球或1分钟仰卧起坐或足球运球（选考一项）、立定跳远或1分钟跳绳选考一项）； 体育考试项目增加足球运球选项	学校练习为主，中考辅导班为辅
2014、2015	初中毕业升学体育考试办法	2015年初中毕业升学体育考试分值由“日常体育锻炼过程性评价”和“体质健康水平统一测试”两个部分组成。日常锻炼分值为10分，体质健康水平统一测试分值为50分。初中毕业升学体育考试总分值为60分，计入学生中考的升学录取总分	必考项目：男、女生同为立定跳远、50米跑、中长跑（男生1000米跑、女生800米跑）三项；选考项目：男生须从篮球运球或原地双手投掷实心球中选考一项；女生须从篮球运球或1分钟仰卧起坐中选考一项	学校练习为主、家庭练习为辅，要求不高
2013	初中毕业升学考试实施方案	日常锻炼分值为10分，体质健康水平统一测试分值为45分。初中毕业升学体育考试总分值为55分，计入学生中考的升学录取总分，体质健康水平统一测试总分为45分，单项满分为15分	男生：1000米跑（必考）；坐位体前屈或原地双手投掷实心球（选考一项）；立定跳远或50米跑（选考一项）； 女生：800米跑（必考）；坐位体前屈或1分钟仰卧起坐（选考一项）；第三类项目：立定跳远或50米跑（选考一项）	以学校练习为主，不做特殊要求

统计结果显示，近十年内安徽省在体育中考的项目内容上略有改动，例如50米跑从选考项目转变为必考项目，而后又从考试项目中删除；日常分值不变，总分增加；近五年不再设必考项。由于青少年在校学习期间，学业占据重要地位，所以青少年仍处于受教育与被教育的角色，更多是由教育系统的规定以及家长的引导完成决策与决定。家长对待青少年的体育决策则随教育局下达的中考内容改变而改变。自2013年至今，体育中考的分值不断增加以及考试内容的改革，家长对青少年体育的重视也随之增加，除学校体育活动外，家长为青少年增加了家庭体育练习甚至体育中考辅导。安徽省教育厅关于做好2022年初中学业水平体育与健康学科考试工作的通知显示，总分值定为不低于60分，各单项成绩测试时以0分为起点，不得设最低分，并且平时成绩在考试分值以外单列。总分趋增的态势之下，家长观念分为两类：一类仍只重视孩子的文化课成绩；另一类则将体育成绩纳入了重视范围。

人们的传统观念并不能真正认识到体育是人类社会文化进步的需要、健康的需要、娱乐的需要、工作的需要及幸福生活的需要，对体育活动重视不够是青少年体质健康状况不佳和问题频现的原因之一。虽然国家机关及部门有效制订全民健身计划，促使青少年体质健康有一定程度的提升，但是由于中考、高考等考试的“功利性”，引发了青少年的家庭体育为“考分”而服务的现象。已有研究显示，体育中考对青少年终身体育意识和能力的形成有消极影响。虽然家长的体育活动观念意识有一定的提高，但家长在对待青少年体育活动方面却做出短期利益主导的决策。因此，青少年的家庭体育性质由教育、引导、树立终身体育观念转变为应付考试、完成任务。体育中考背景下的青少年体育家长决策模式，正是家长认为青少年需要取得好的中考成绩，而牺牲了青少年体育价值观、体育习惯的养成，甚至牺牲了青少年未来的健康。这便是当前受益，未来再承担成本的做法。

（三）青少年与家长的家庭体育需求存差异

由于家庭体育并未得到重视，因而导致青少年体育出现一系列如家庭体育教育缺失、青少年终身体育观念缺乏、青少年体育活动不足等问题。体育中考大环境下，除学校、社会机构组织提供的体育活动等外因不断改变，家庭内部的体育需求也正发生着变化。笔者在比较青少年与家长的体育动机与目的的前提下，对比家长与青少年家庭体育需求差异（表3-8）。

表3-8　家长与青少年体育动机和需求比较分析

成员	动机	目的	需求
家长	娱乐社交及健康的需要	放松、自我体验	独立时间与圈子
青少年	考试或者升学需要	考高分	高分技巧

调查结果显示，当前家庭成员认为最理想状态为各自按照个人兴趣爱好单独行动。长此以往，家庭体育意识逐渐小于个人体育意识。家长参与体育动机主要是娱乐社交及健康的需要，而青少年参与体育动机则是升学及考试的需要。其参与的目的各不相同，参与体育活动的需求也存在本质差异。原因有许多，然而其中被忽视的有，当今家庭结构中存在许多“独生父母”。这些父母作为原生家庭里的独生子女，他们自出生起就备受关注。随着社会竞争的日益加剧，年轻父母为了生存和发展得更好，不得不把更多的精力都投入工作中，放在职业发展和成长上，所以对孩子的抚养和教育关注不够。因此，家长与青少年体育的共需成为青少年家庭体育发展的契机（表3-9）。

表3-9　家长与青少年体育共需情况分析

时　间	地　点
工作日　18：00—21：00 周　末　14：00—16：00 18：00—21：00	运动场、健身房、游泳馆、小区空地、健身步道

然而，将青少年愿意与父母一起参加的体育活动项目排序，仍以羽毛球、篮球、健步行居前三（表3-10）。可看出青少年家庭体育活动项目仍以方便、快捷、经济为主，调查中也发现有的青少年家庭以与好友家庭结伴参加房车露营、营地拓展等新兴项目为主。从而可知，青少年家庭体育正在发展中，新兴体育项目也逐渐步入青少年与父母共需项目之列。与此同时，调查显示随着冬奥会在我国成功举办，在赛事遗产效应的影响下，冰雪运动也不断蓬勃发展起来，成为青少年热爱与家长共同参与的体育活动之一。

表3-10　青少年与父母一起参加体育活动项目调查表

项　目	占比（%）	排　序
乒乓球、羽毛球、网球等	59.2	1
足球、篮球、排球等	56.8	2
健步行	48.6	3
长跑类	37.4	4
健身操类	34	5
游泳、水中健身	25.4	6

（续表）

项 目	占比（%）	排 序
轮滑（溜冰等）	18	7
街舞、攀岩等新兴项目	11.3	11
短跑类	12.6	8
投掷类	12.2	9
武术类	11.8	10
跳跃类	10.1	12
体操类	5.8	13
其他	5.6	14

（四）青少年家庭体育参与类消费不足

青少年的家庭体育支出数据见表3-11所列。在体育相关产业中青少年的家庭体育年均消费值，可知运动服装与鞋类消费约为1000元/年，即占青少年的家庭体育年消费总支出的59%。其次是俱乐部会员费占29%，最后是运动器材占12%。然而青少年在赛事入场券、体育博彩、运动媒体业以及其他相关项目中，几乎无支出。运动服装和鞋类支出目的分为两种：一种为平时穿着；另一种为参与体育活动准备。部分家庭成员虽支出体育俱乐部会员费，但实际上并未参加多少活动。普通家庭并不会在很大程度上为青少年参与家庭体育活动埋单，仅限于服装和鞋类，且多为学校体育课程准备。而体育消费支出较高的家庭，花在孩子身上的费用也并不多。

表3-11　青少年的家庭体育支出数据

类 别	金额（元）/年	占比（%）
运动服装和鞋类	1000	59
运动器材	200	12
体育俱乐部会员费	500	29
赛事入场券	—	—
体育博彩	—	—
有线电视和卫星费用	—	—
其他体育相关支出	—	—
体育支出总计	1700	—

青少年的家庭体育参与型消费不足，表现在以下几点：运动服装和鞋类多用于平日穿着，很少投入家庭体育活动中使用；运动器材如羽毛球拍、乒乓球拍等使用次数不高；少数家庭会重视青少年身体素质，陪同其参加一些俱乐部体育活动，会有一些体育俱乐部会员费的支出。尽管在经济发展加快、体育产业急速发展的年间，青少年家庭体育参与型消费仍处于群众体育消费的谷底。其原因是多方面的，从根源看，一是因为家长不想改变自己的消费习惯；二是因为家长的体育参与水平及消费观念共同作用带来的消极影响。

（五）社区中青少年家庭体育缺位

我国城市社区体育管理的目标主要包含两个方面：一方面是增强社区居民的体质，提高居民的身体健康水平和生活质量，改善社区居民的生活方式，丰富生活及活动内容；另一方面是通过社区体育活动产生互动，增进居民的感情，提高社区的凝聚力。社区体育本为社区居民促进健康、丰富生活、增进感情的催化剂，不仅仅是邻里间，更应对家庭成员间产生正向影响与作用。

调研发现，在社会化进程中，我国人口逐渐呈现老年化态势。对于一些以老年人居多的社区均以老年社区舞蹈、太极等项目为活动组织的主要内容，然而以青年人为主的社区活动则并未出现青少年家庭形式的体育活动。在各地区为青少年提供体育活动的组织提供方中，个人或家庭所占比例为首，其次是单项俱乐部，第三是学校，第四是社区，其他营利性组织最后。由于社区体育作为社会服务的内容，具有公益性与福利性，以大多数居民参与为出发点。因此，社区体育既不具有行政执行的特点，又不具有法律效力，更不用说经济效益，宣传效果并不佳。社区并不能直接干预青少年家庭体育参与，更不具有强制性。

（六）青少年家庭体育社会服务缺失

国办发〔2015〕85 号《国务院办公厅关于加快发展生活性服务业促进消费结构升级的指导意见》指出，要大力发展体育服务业，大力推动群众体育与竞技体育协同发展，促进体育市场繁荣有序，加速形成门类齐全、结构合理的体育服务体系。重点培育健身休闲、竞赛表演、场馆服务、中介培训等体育服务业，促进康体结合，推动体育旅游、体育传媒、体育会展等相关业态融合发展。其中健身休闲确是当前家庭体育的逻辑起点，同时家庭体育也是群众体育发展的重要落脚点。

当前市场中提供体育服务主要是针对个体的成人，或单位集体性的，针对青少年的也仅局限于单项培训，以青少年为主体的家庭式体育服务屈指可数，仅以个别亲子体育活动存在。无论从内容、形式、资源，还是服务提供者，似乎都忽视了青少年家庭体育的发展空间。研究发现，许多家庭因为缺乏体育指导而并不懂得如何科学地进行体育锻炼等活动。

四、青少年体育活动影响因素分析

通过调研及访谈各地区体育教师、家长、学生，笔者了解到大流行时期体育干预形式主要为开设网络体育课程（表3-12）。体育教师认为，青少年学生主要课程的学习、作业、作业反馈、反馈后修改占据大量时间，部分家长在监督青少年参与网络体育课程及锻炼中难以实现预期效果，学生没有时间锻炼。同时，例如在线学习后家长上传并批改课后体育视频作业等的网络体育课程管理方式，使家长与青少年均普遍认为压力较大。虽然规律的学习生活有助于青少年身心健康，但是密集、繁重的课业任务却又给家长及青少年带来一定的负影响。这可能与学校及教师对大流行时期青少年在线课程的不完善统筹规划相关。

表3-12　青少年体育课程现状统计

课程形式	课时量	课程方式	考核方式
网络直播 网络录播 电视频道	1课时/周 2课时/周 4课时/周 0课时/周	QQ 微信 省市教育教学平台 其他相关App及平台	平台打卡 家长上传锻炼图片或视频

大流行时期青少年体育活动与网络在线时长相关性分析见表3-13所列。大流行时期青少年体育活动与网络在线时长呈显著负相关性，相关系数为-0.898，$P=0.000<0.01$。表明网络在线时长（包括在线学习、游戏等时间）越久的青少年体育活动时间越短；网络在线时长短的青少年体育活动时间相对较长。尤其以初中学段为例，初三年级青少年面临各科升学考试压力，包括了体育与健康学科考试，然而其他课程的网络学习更是占用了体育活动时间。近年来虽各种迹象表明青少年体质健康下降趋势有所缓解，但大流行时期青少年因各因素影响而体育活动水平偏低的现状间接反映出青少年体育活动习惯尚不稳定。

表3-13　大流行时期青少年体育活动与网络在线时长相关性分析

变　量	网络在线时长
大流行时期体育活动	-0.898 *

大流行时期体育活动与2019年体育活动、BMI相关性分析见表3-14所列。大流行时期青少年体育活动与是否进行居家医学观察无显著相关性，相关系数为0.024，$P=0.499>0.05$。大流行时期青少年体育活动与2019年的体育活动呈显著性相关，相关系数为0.236，$P=0.000<0.01$。2019年体育活动与BMI呈显著性相关，相关系数为0.074，$P=0.037<0.05$。综上所述，BMI指数、大流行时期体育习惯与2019年体育活动习惯显著相关。

表3-14　大流行时期体育活动与2019年体育活动、BMI相关性分析

变　量	BMI	2019年体育活动	居家医学观察
大流行期体育活动	0.045	0.236 **	0.024
居家医学观察	−0.034	−0.15	—
2019年体育活动	0.074 *	—	—

大流行时期体育活动与2019年体育活动的回归分析，见表3-15所列，显示$P=0.000<0.01$，在99%显著性水平下显著相关。这说明2019年青少年体育活动习惯确实对大流行时期青少年体育活动产生影响。但是由表3-14可知，BMI指数显示主要与2019年体育活动习惯密切相关，与大流行时期体育活动无显著相关。针对此结果分析认为，虽然大流行时期部分青少年在某种程度上确实调整了自身体育活动行为，但是总体上青少年大流行时期体育活动状态改变不明显且仍由2019年体育活动习惯决定。

表3-15　大流行时期体育活动与2019年体育活动的回归分析

模　型	非标准化回归		标准化回归	t	P
	B	SE	Beta		
1（常量）	3.740	0.554	—	6.750	0.000
去年体育活动	0.085	0.012	0.236	6.833	0.000

五、青少年身心健康与体育活动的关系及相关因素

统计数据表明大流行时期体育活动与抑郁症状、焦虑症状呈显著性负相关（表3-16），相关系数分别为−0.073、−0.090，$P=0.040$、0.011，达到0.05相关显著性水平。说明大流行时期参与体育活动可减少抑郁及焦虑症状出现，并且体育活动对大流行时期心理健康起促进作用。由数据分析可知，饮食及营养与大流行暴露无显著相关（$F=-0.041$，$P=0.246$），

则以饮食及营养为自变量对调查数据进一步统计分析（表3-16）。结果显示，大流行时期饮食及营养与体育活动呈显著性相关，与心理症状呈显著性负相关，相关系数分别为0.074、-0.126，$P=0.036$、0.000，分别达到0.05、0.01显著性水平。说明大流行时期青少年的饮食及营养的良好水平促进其体育活动水平，并且能减少心理症状的出现，即促进青少年进行体育活动及身心健康。

表3-16　大流行时期体育活动与抑郁症状、焦虑症状相关性分析

变量		饮食及营养	大流行时期体育活动
心理症状	抑郁症状	-0.126 **	-0.073 *
	焦虑症状		-0.090 *
大流行时期体育活动		0.074 *	

18.8%（$N=150$ 人）被访者PHQ-4（1~2题）得分显示出现焦虑症状，16.7%（$N=133$ 人）的被访者PHQ-4（3~4题）得分显示出现抑郁症状，且学段越高的青少年抑郁症状越多。心理健康问卷平均得分为2.6分（标准差为1.6），总体处于轻度焦虑状态。PTSD平均得分为7.8分（标准差为7.3），青少年总体上并未出现应激障碍症状，但有56人得分≥20分，即出现创伤后应激障碍。大流行对青少年心理健康产生了一定的影响，部分青少年出现创伤后应激反应障碍、焦虑症状、抑郁症状，与学者们研究突发公共卫生事件影响居民心理健康所得结论保持一致。刘素等人研究显示，持续过大的学习压力会使青少年处于高度紧张状态，导致身体和心理的多方面问题。本书研究数据显示，大流行时期学习压力导致青少年产生心理压力，学段越高的青少年网络学习时长越长，且出现显性抑郁症状所占比例越大，与前述研究的结论相近。大流行时期饮食与营养习惯对青少年心理健康产生了良好的影响，然而BMI指数均值偏低显示大流行时期青少年营养摄入虽处于稳定状态，但仍可能存在大部分青少年营养摄入不全面且摄入量不能满足所需，少数青少年肥胖与其饮食及营养摄入量大、体育活动量少密切相关。

六、大流行时期青少年体育活动的制约因素

大流行时期青少年体育活动显示为活动量较少，总体显示中、低强度及力量型体育活动频次均衡且偏低与大流行事件有关，与相关研究结论一致。首先，研究大流行时期青少年体育活动显示与2019年体育活动习惯呈显著正相关。其次，网络学习时长对青少年体育活动产生了一定影响。再

次，大流行时期青少年饮食与营养的合理摄入可促进青少年体育活动。大流行时期间青少年心理健康与体育活动密切相关，体育活动促进心理健康与已有研究所得结果持相似观点。一方面，大流行时期青少年体育活动较少，则反映当前青少年体育素养处于一般水平，体育锻炼习惯仍待培养；另一方面，由于当前停课不停学的教育教学背景，青少年在线学习成为大流行时期的重要学习方式，体育习惯在短期内不易养成且受制于各客观因素。从2020年开始，安徽省初中学业水平体育与健康学科考试的举行，体现了政策执行的连续性和严肃性，且不再设必考项目，由考生从原必考项目和本地确定的选考项目中自主选择两个项目。教育部门认为受大流行影响，体育与健康教学、青少年运动状态与运动水平都难以回到2020年寒假之前，考试内容的调整有利于减轻学生备考压力，有利于学生发挥自己的最好水平，同时也能减少或避免运动损伤。因此，这也是对青少年体育活动产生制约的因素之一。大流行时期饮食与营养水平既促进青少年体育活动，又促进心理健康。

此外大流行时期青少年身心健康状态为普遍存在焦虑，部分存在抑郁症状，少数出现创伤后应激障碍，青少年BMI指数普遍偏低但仍存在少数偏高。其中，大流行暴露程度、网络学习时长与心理症状呈显著性相关，青少年抑郁症状在文化层次变量上呈显著性差异，而在性别变量下无显著差异。饮食与营养摄入规律的状态下，BMI指数偏低则可能由于青少年摄入的营养不全面、所需的能量未必充分，且饮食与营养、2019年体育锻炼习惯是BMI指数影响因素。大流行时期青少年体育活动量普遍较少、网络学习和游戏时长较长、饮食普遍规律、营养摄入基本正常。体育课程作为健康干预手段，大流行时期青少年体育课程形式、学习方式、考核方式却让青少年及家长压力增加。2019年体育活动、大流行时期在线学习时长、学习压力与青少年体育活动呈显著性相关。体育中考政策改变是影响因素之一。大流行时期体育活动对青少年心理症状起预防、缓解、促进健康的作用，同时心理状态也制约了体育活动的开展。

七、青少年身心健康主要影响因素

大流行时期对青少年身心健康存在不容忽视的影响，身心状态在受到各因素制约的同时，也不能忽视其他主要影响因素。

（一）身体健康方面

青少年身体健康主要表现为营养不良、体质偏差和由生物因素造成的传染性疾病的增多，肥胖、脊柱侧弯和视力不良等慢性非传染性疾病频发。健康素养是促进学生健康的决定因素。青少年健康素养是一种保持和促进青少年健康的综合能力，是以青少年自身的发展为基础，能够运用一切可获得的资源（包括家庭、同伴、教师、医生、网络等），帮助自己获取、理解和应用健康的知识、信息与服务，逐步实现对个人健康的管理和维护，以及对环境和他人健康的倡导和促进。具备健康素养的青少年认识到自己的行为会对日后的健康造成影响并做出恰当的决策以改善健康。青少年健康素养是公民健康的基础，学校健康教育是一种有效提高和改善青少年健康素养的方式。当前学校健康教育的目标是培养有健康素养的人，而不仅仅是健康的人。诸多学者及专家认为，发展提升青少年学生健康素养的综合模式的方案，提升青少年学生健康素养离不开社会各界的努力。国家和学校应该制定具体明确的健康政策，以学校为基础发展健康教育，学校应积极改善校园环境，改善学生健康服务并加强社区合作。我国应当大力推进全人教育的发展，充分培养青少年学生的人文素养、学科素养和外语素养，其中健康素养作为人文素养的组成部分尤为重要。加上联合国对个体健康有五项指标：身体健康、智力健康、社交健康、情绪健康和道德健康。经研究分析认为，青少年身体健康的主要影响因素概括如下：

1. 不良的饮食习惯

不良的饮食习惯再加上运动不足，使摄入的营养物质在体内囤积，导致肥胖率逐年攀升。不良饮食习惯已成为影响青少年身体健康管理的重要因素之一。我国的中学生心血管疾病和肥胖病发病率显著上升，肥胖率高达15%。更让人担忧的是，一些原来在中老年人身上才出现的高血压、高血脂、冠心病、糖尿病等近年来在中学生身上也时有发生，所以要做好有效的青少年身体健康管理，必须严格注意饮食习惯的管理。

2. 体育活动

久坐不动也是影响健康的一个危险因素，特别是超重肥胖，吃动平衡是关键。身体活动不仅是对青少年超重肥胖的预防，对其整体健康也很重要。青少年的身体活动，如果按年龄说，对于6～17岁的孩子，要让孩子坚持上好学校的体育课，中高强度身体活动每天至少要达到1个小时。对于各个年龄段的青少年，应减少静态行为，如坐着、靠着、斜躺着，以及看电视、玩平板电脑和玩手机。从青少年的生活方式方面，强调从小培养好的行为，要让他们有好的生活方式。比如在身体活动方面，要培养至少一种以上喜欢的、每天都想做的运动项目，而且终身坚持。

3. 学习时间

学习时间也是影响青少年身体健康管理的重要因素。青少年不仅在学校学习的时间过长，还有大量的作业负担，由于课业负担过重直接导致学生无心锻炼，学习时间无限延长，学生被迫牺牲户外体育活动时间去学习。这些情况对于青少年身体健康管理非常不利，因此如何改善学习时间也是青少年身体健康管理的重点关切方向。

4. 心理障碍

心理障碍也是影响我国青少年身体健康的较大因素之一。有关资料显示，全国中学生每年因心理障碍导致精神疾病及自杀现象的数量呈上升趋势，更不论青少年的心理承受能力不过关导致大量的抑郁或逆反现象，这些都极大地影响了青少年身体健康管理的施行。

（二）心理健康方面

青春期是发展和维持对精神健康至关重要的社交和情感习惯的关键时期。这包括采用健康的睡眠模式、定期运动，发展应对、解决问题和人际关系技巧，并学会管理情绪。家庭、学校和更广泛的社区所创造的支持性环境也十分重要。据估计，全世界有 10% ~20% 的青少年有精神卫生疾患，但未得到充分诊断和治疗。精神卫生状况取决于多种因素。青少年接触到的风险因素越多，对其精神卫生的潜在影响就越大。青春期可能带来压力的因素包括渴望获得更大的自主权、为顺应同伴导致的压力、对性别特征的探索等等。媒体影响和性别规范可能会加大青少年对生活现实与他们对未来的看法或愿望之间的认识差距。青少年精神卫生状况的其他重要决定因素是其家庭生活质量以及与同龄人的关系。暴力（包括粗暴惩戒儿女和欺凌）和社会经济问题属于公认的精神卫生风险。青少年特别容易遭受性暴力，它与精神卫生状况不佳存在明显关联。研究分析认为，青少年心理健康的影响因素有以下几点：

1. 生物学因素

生物学因素与青少年心理健康密切相关。例如：父母患有精神疾病，其子女患有精神疾病的可能性要大于父母正常的青少年；母孕期接触某些化学物质、射线或患病等均有可能影响孩子的神经系统发育，使孩子易于出现某些精神方面的疾病；癫痫、脑炎等疾病也会影响儿童青少年的精神健康状况。

2. 自身因素

青少年自身的个性特征，如：胆小、怯懦、敏感、过分依赖、追求完美等，也会对孩子的心理健康产生不利影响，使孩子易于出现心理健康方面的问题。

3. 家庭因素

家庭结构、家庭关系、父母教养方式、父母对儿童的期望、父母的离异和再婚等，都会对青少年的心理发展带来很大影响。

4. 学校因素

学校因素也会影响青少年心理健康状况。学校风气、教师素质、师生关系、学校的课程设置、是否具有良好的心理卫生服务体系等均与青少年的心理状态相关。比如，厌学情绪非常普遍，让孩子产生厌学情绪的根本原因在哪里？主要来自自身方面，包括：自卑、内向、谨慎、追求完美，或“提前教育”所学内容超出能力范围。学习成绩出现变化后，意志力薄弱、心理压力过大，也可能产生厌学情绪和行为。再比如，在学校与同学发生矛盾，被老师批评，不断有挫败感等因素，也可能会对学校产生抵触心理。

5. 社会和文化因素

家庭文化和社会文化的渲染，也对青少年的成长具有潜移默化的影响。一些青少年由于其生活状况所遭受的耻辱、歧视或排斥，或因无法获得高质量的支持和服务而面临较大的精神卫生疾患的发生风险。这包括生活在人道主义薄弱环境中的青少年，患有慢性病、自闭症障碍、智力残疾或其他神经系统疾病的青少年，怀孕的青少年、青少年父母或有早婚和/或被逼婚经历的人群，孤儿，少数民族或其他受歧视群体的青少年。有精神卫生疾患的青少年特别容易遭受社会排斥、歧视、羞辱（影响其寻求帮助的意愿）以及人权遭受侵犯等问题影响。

第四章　我国青少年健康促进的影响因素

承接上述分析，需要关注青少年体育干预健康促进的影响因素。自2007年5月7日始，《中共中央 国务院关于加强青少年体育增强青少年体质的意见》（中发〔2007〕7号，以下简称“中央7号文件”）出台，为新中国成立以来首次对青少年体育工作与青少年体质健康的高位推进。虽然该政策冠以“青少年体育”名义，但是内容中涉及卫生、营养、缓解课业负担等全面内容，是我国青少年体质健康整体性治理的导向性文件。我国青少年体育健康促进工作与发展经历了15个年头，总体来看，通过青少年体质健康治理工作的开展，青少年体质健康水平促进已取得了一定的成果。但客观来看，受社会危险因素影响，青少年体育健康促进仍然处于需要经过不断探索发展的阶段。由于所处的时代发展的阶段性条件制约，青少年健康促进的体育干预工作必然也会面临一些困难和影响因素。新时代青少年健康促进的健康危险因素以及影响因素主要有：宏观危险因素（包括环境危险因素、心理危险因素、健康危险因素），微观影响因素（包括青少年健康政策影响、青少年健康责任影响），青少年体育培训市场影响。

一、宏观危险因素

（一）环境危险因素

2022年6月3日在“斯德哥尔摩+50”会议上发布了一份新的世界卫生组织政策简报，其结论指出，气候变化对精神、心理健康与幸福构成了严重威胁。因此，世界卫生组织敦促各国将精神卫生支持服务纳入其应对气候危机的工作，并列举了几个先驱国家在这方面卓有成效的例子。这一结论与政府的气候变化专门委员会（以下简称“气专委”）2022年2月发表的一份报告相一致。气专委的报告揭示，迅速加剧的气候变化对精神健康和社会心理健康构成越来越大的威胁，包括可导致情绪困扰、焦虑、抑郁、悲伤和自杀行为。世界卫生组织环境、气候变化与健康司司长玛丽亚·内拉（Maria Neira）博士说："气候变化的影响正日益成为我们日常生活的一部分，但人们和社区在应对与气候相关的危害和长期风险时却很少获得专门的精神卫生支持。"气候变化对精神健康的影响分布不均，某些群体受到非常严重的影响，具体取决于其社会经济地位、性别和年龄等因素。然而，我们明显感觉到气候变化影响了许多社会决定因素，这些因素已经在给全球造成巨大的精神卫生负担。2021 年世界卫生组织对 95 个国家进行的一项调查发现，只有 9 个国家将精神卫生和心理社会支持服务纳入了国家卫生和气候变化计划。世界卫生组织精神卫生和药物滥用司司长德沃拉·凯斯特尔（Dévora Kestel）说："气候变化的影响加剧了已经极其严峻的全球精神卫生和精神卫生服务状况。目前有近 10 亿人患有精神卫生问题，但在低收入和中等收入国家，四分之三的人无法获得所需的服务。各国可以通过在减少灾害风险和气候行动中加强精神卫生和心理社会支持，进一步帮助并保护那些受害风险最大的人群。"

为此，新的世界卫生组织政策简报为各国政府应对气候变化的精神健康影响推荐了五种重要方法：考虑将气候与精神卫生规划相结合，将精神卫生支持服务与气候行动相结合，以全球承诺为基础，开发以社区群体划分为基础的方法来减少心理脆弱性，以及填补精神卫生和心理社会支持方面存在的巨大资金缺口。世界卫生组织气候问题负责人、气专委项目主要负责人戴尔米德·坎贝尔·伦德拉姆（Diarmid Campbell-Lendrum）博士说："世界卫生组织各会员国已经明确表示，加强精神卫生是其一项重点事项。我们正与各国密切合作，保护人们的身心健康免受气候威胁。"斯德哥尔摩会议不仅是纪念联合国人类环境会议 50 周年召开的，而且帮助人们认识到环境决定因素对身心健康的重要性。且提出关于如何做到这一点，有一些很好的例子。例如菲律宾在 2013 年遭受台风"海燕"的影响后重新建立并改善了其精神卫生服务；印度通过一个国家项目扩大了该国减少灾害风险的规模，同时还帮助城市做好准备以应对气候风险和满足精神卫生和社会心理方面的需求。

与此同时，学者董亚琦等研究显示，环境累积生态风险能负向影响青少年健康体育的生活方式。Bootstrap 的中介效应验证结果显示，在"累积生态风险—锻炼氛围—自我控制—体育生活方式—锻炼氛围"路径中，锻炼氛围和自我控制在累积生态风险与青少年体育生活方式之间存在中介效应。当青少年所处环境的累积生态风险因素较高时，青少年在体育锻炼中多种支持性资源的缺乏使个体的体育生活面临更多的生态逆境，自我控制和应对效能资源缺乏，为缓解不良状态，更可能出现不健康的生活方式。青少年缺乏有利的锻炼环境，体育器材缺乏或维修不及时，体育场地规划、管理、开放时间等不合理，运动功能区布置不合理，体育锻炼的可达性不足，则不利于青少年健康体育生活方式的形成。

（二）心理危险因素

从上述研究中不难发现，新时代青少年心理健康或多或少受到影响。以“青少年、心理健康”为关键词搜索，可以看出仅中国知网显示近二十年的文献研究数量不断攀升（图4－1），相关联的主题主要为“体育锻炼”“家庭教育”（图4－2）。心理危险因素已经成为新时代不可规避的研究主题，并且在心理健康的问题上，不可忽视体育锻炼与家庭教育的相互作用和影响。

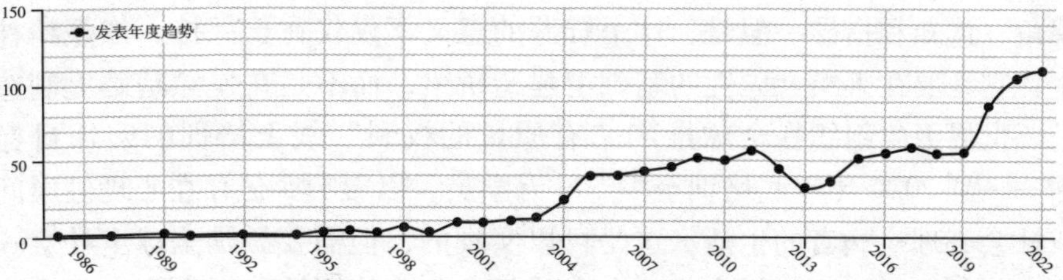

图4－1　青少年心理健康发文量

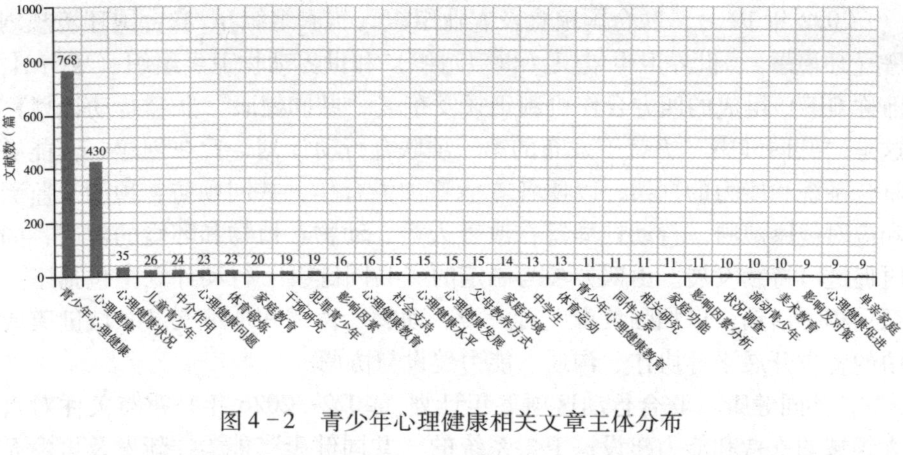

图4－2　青少年心理健康相关文章主体分布

世界卫生组织总干事谭德塞于2022年4月12日在世界卫生组织促进精神卫生、消除污名和促进社区包容的“有质量的权利”线上培训全球启动仪式上提出，近两年大流行给全世界无数人的心理健康带来沉重打击。

对于儿童青少年、学生、卫生工作者、老人、独居者、失业者、与所爱的亲人分离者以及大流行成为其压力来源的各行各业的人来说，大流行已成为压力、焦虑和抑郁的根源。同样，我们相继看到阿富汗、叙利亚、乌克兰、埃塞俄比亚等其他人道主义危机对精神卫生的破坏性影响。死亡、无法谋生、失去家园和社区，以及这些所造成的流离失所、创伤和悲痛，给生活留下了伤疤。这次大流行还暴露出世界各地精神卫生服务的巨大缺口。事实表明，我们需要大幅度提高人们对精神卫生的认识、投资和保持能力。污名和歧视必须被希望、接受和包容所取代。强迫性做法、暴力和忽视不能再被大众容忍。服务、政策和法律的制定与执行必须基于以人为本、以权利为基础，这是世界卫生组织“有质量的权利”线上培训涵盖的主要内容。线上培训同时提供建立反应灵敏的精神卫生服务所需基本知识和技能。线上培训还就如何照顾自己的心理健康及如何支持他人提供新的视角、认知和指导。但是，这个资源的意义不仅仅在于保持、加强精神卫生，它是要在人类共同性的基础上建造桥梁，而不是在差异基础上制造分歧。世界卫生组织在全球推广“有质量的权利”线上培训的宏伟目标包括——到 2024 年年底培训至少 500 万学员，以影响 5 亿存在心理健康问题或社会心理疾病者的生活。这是可以实现的，但需要激励全球全社会——所有人与世界卫生组织合作，在全球每个角落使用该培训内容，因为没有心理健康就没有最终健康。

（三）健康危险因素

2022 年 10 月，联合国粮食及农业组织（粮农组织）、联合国环境规划署（环境署）、世界卫生组织（世卫组织）和世界动物卫生组织（WOAH，前称 OIE）组成的四方合作机制正式发布《“共同健康”联合行动计划》。这是“共同健康”方针下发布的第一项联合行动计划，旨在创建一套能够整合系统和能力的框架，以便各方能够加强合作，共同预防、预测、监测和应对健康威胁。行动计划旨在改善人类、动物、植物和环境的健康，同时促进可持续发展。由四方参与制定的“共同健康”行动计划中包括了一系列相关活动，以加强负责应对人类、动物、植物和环境交叉领域健康威胁的各方开展平等协作、沟通、能力建设与协调。

“共同健康”联合行动这项五年计划（2022—2026 年）重点关注对六大领域的支持和能力建设：卫生系统的“共同健康”能力、新发及再发人畜共患流行病、人畜共患地方流行病、被忽视的热带疾病和虫媒病、食品安全风险、抗微生物药物耐药性和环境。作为一份技术性文件，“共同健康”行动计划充分参考了实证、最佳实践和操作指南，制定了一系列将在全球、各区域和国家各级推进“共同健康”行动的文件，其中还包括帮助各个国家、国际伙伴以及民间社会组织、专业协会、学术界和研究机构等推动制定相关实施指导文件。这份计划还制定了具体的行动目标，其中包括：为集体一致的行动提供框架，推动“共同健康”方针纳入各级主体；提供上级政策和立法咨询以及技术援助，帮助制定国家目标和优先事项；促进跨国、多部门、多学科合作与学习，交流知识、解决方案和技术。另外，“行动计划”也将推动价值观的建设，包括合作和责任共担、多部门行动和伙伴关系、性别平等和包容等。

为何要推动“共同健康”？“共同健康”是解决人类社会面临的复杂健康挑战的主要方针，旨在应对包括生态系统退化、粮食体系失灵、传染病和抗微生物药物耐药性在内的一系列健康威胁。世界动物卫生组织总干事莫妮克·艾略特表示：“通过‘共同健康’的视角，我们可以将所有相关部门聚集在一起，应对猴痘、病毒和埃博拉等全球卫生威胁，这一点至关重要。”她同时强调，需要加强所有部门的疾病预防能力，“首先要确保动物的健康，动物健康就意味着我们的健康，这与每个人的健康息息相关”。粮农组织总干事屈冬玉补充说：“‘同一个健康’应当从推动适当的土地管理和停止砍伐树木开始，这可以帮助周围环境中的人和动物。我们需要所有部门密切合作，制定并实施适应和缓解措施。”

联合国环境规划署执行主任英格·安德森说：“每个人都有权享有清洁和健康的环境，这是地球上所有生命的基础。当前的大流行已经向我们明确显示，大自然的退化正在全面加剧健康风险。”仅靠一个部门或一种专业的努力无法预防或消除“共同健康”所面临的复杂威胁，传染病只是其中之一。她补充道：“所有物种的弱势群体，包括最贫困和被边缘化的人类，承受着最大的代价。‘联合行动计划’将通过对人类、动物和环境健康采取综合措施，降低健康风险。”

世界卫生组织总干事谭德塞说：“很显然，我们共同承担的这一份责任须以‘共同健康’方针为核心，以加强世界对全球大流行病和地方流行病的防御。正因如此，‘共同健康’已经成为新版国际大流行病预防、准备和应对的指导原则之一，世卫组织成员正在就协定的具体条款进行磋商。”在现有架构和协议的基础上，协调筹资机制也正在完善，以支持行动计划的实施。四方组织将携手合作，利用所需资源支持共同行动，应对严重的健康威胁，促进人类、动物、植物和环境的健康。

全球危险因素排名，如图 4-3 所示，可佐证上述观点。除上述危险因素外，仍有部分研究显示，体质健康政策执行效果不佳、新媒介的大量使用、重文轻体习惯的制约和体育文化环境亟待优化，也是现阶段我国青少年体质健康促进面临的现实困境。

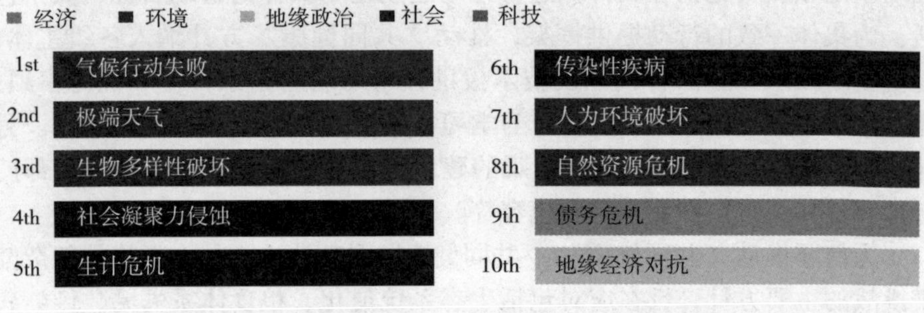

图 4－3 全球危险因素排名

资料来源：2021—2022 年世界经济论坛《全球风险感知调查》

二、微观影响因素

（一）青少年健康政策影响

“健康中国”“全民健身”等国家战略推动下，各级政府及相关部门针对青少年体质健康相继出台了多项健康促进政策，逐渐形成青少年体质健康多部门联合共治的局面。

研究认为，虽然我国出台了数量众多的青少年体质健康促进政策，但是青少年的体质健康状况却没有整体提升。究其原因，要反思政策的执行环节。学者艾利森认为，政策目标的实现只有 10% 是依靠政策文本的，剩下的 90% 则取决于有效的执行。政策执行才是最直接、实际和具体解决问题的过程，导致我国青少年体质健康政策无法取得令人满意结果的根本原因是政策执行效果不佳。我国青少年体质健康政策执行效果不佳的主要原因是政策的法治程度不高、政策执行路径不畅，政策目标模糊，缺乏有效的监督、问责和奖惩机制等。

第一，这些政策的法治程度不高，也就是说“柔性”有余而“刚性”不足，致使执行过程经常出现“无法可依、无法可循”的窘况。

第二，制定青少年体质健康政策的机构多达 50 个，包含国务院、教育部、共青团中央、卫健委等部门。多部门联合制定政策的目的是打破不同部门之间的行政壁垒、发挥不同部门之间的协同优势，共同提升青少年的体质健康水平。但是，由于这些部门之间的利益诉求不同以及行政壁垒的存在，因而在政策的实际执行过程中产生了各自为政、跨部门联合执行机制尚未有效建立等问题，出现了公共管理中常见的“孤岛现象”。

第三，青少年体质健康政策在提出青少年体质目标方面尚缺乏精确概念，政策目标表述不够清晰准确，难以成为工作目标。例如，《体育强国建设纲要》提出的“到2035年，青少年身体素养显著提升，健康状况明显改善”的“身体素养”并非常用正规概念，而“健康状况”也非准确的可操作性概念，实在难以成为地方教育行政部门和基层学校体质提升工作的目标和评价标准；又如《中共中央国务院关于加强青少年体质增强青少年体质的意见》中提出的“青少年普遍达到国家体质健康的基本要求”，缺乏精准、明确的整体目标设计。然而，在我国政府工作和学术研究中，青少年体质健康、体质健康监测等成为近乎普适性的术语，且在公共政策中的使用更为普遍。因此，几个普遍使用的术语组合后，看似不会产生误解，却体现出了学术界对青少年体质健康促进手段和方法的认识相对有限。

最后，大部分的体质健康政策都缺乏实质性的监督、问责和奖惩机制。一方面，青少年体质健康促进政策制定与政策执行之间缺乏行之有效的衔接和“自上而下”或“自下而上”的互通监管体系，在一定程度上造成政策执行失效；另一方面，问责和奖惩机制又不完善，对奖励者没有实质性的奖励，对政策执行不力者又多是进行内部的批评，这就导致了政策的执行过程中缺乏动力，政策难以落到实处。

同时，“健康政策”是我国政府应对民众健康问题的必要手段，对健康政策含义的认识，国内外的观点极不一致，观点冲突现象时有发生。世界卫生组织认为，健康政策是各种机构（尤其是政府）针对健康需求、可用的资源及其他政治需要而发布的正式声明或制定的程序，用以规定健康行动的轻重缓急程度。实践中，与健康政策关联较紧密的是卫生政策。学者 Blakemore 在区分健康政策与卫生政策时，认为狭义的健康政策等同于卫生政策，广义的健康政策则是以卫生政策为核心、以促进居民健康为目的的相关政策。这体现了以卫生政策为基础建构健康政策的观点。同时，当健康政策与诸多社会问题相关联后，形成了基于疾病或人群健康的公共政策研究议题，例如，糖尿病患者健康政策、老年人健康政策等。可以看出，健康政策含义多变。从上述分析来看，健康政策以疾病治疗为核心，包括预防、康复与相关支持性要素的集合。由此可见，由于对健康政策认识存在分歧，青少年生活、学习环境有一定特殊性，对“青少年体质健康政策”的界定相对较难。

（二）青少年健康责任影响

青少年的健康素养，包含健康观念、健康知识、健康方法、健康管理能力等方面，但最重要的还是健康观念，要让每个孩子意识到“每个人是自己健康第一责任人”，落实“主动健康”“大健康”，这是所有健康教育的最终目的。然而健康素养的养成与家庭教育、学校教育、社会氛围有不可分割的关系。各种关系中的主体对青少年的引导、支持与帮助是不可或缺的。“健康第一”这个观点，恐怕没有人会反对。但是健康犹如空气，人在正常呼吸的时候是感觉不到空气的存在的，只有没有空气的时候才会觉得重要。学校和家长面对升学率，只要还没有出现健康问题，“健康第一”就会变成“健康第一个忘记”。这种悲剧为何反复发生？从目前推进的几项指向学生的健康政策来看，有全国体质监测，也有体育进中考、高考，每所学校配心理教师等措施，但是健康问题却没有产生逆转。究其原因是健康牵涉面太广了，健康出问题，没有责任人，导致健康问题和谁都没关系。我们看到过因为高考没有考好，校长被撤职的，却没看见过哪个学校因为学生近视率过高或者学生体质监测不佳被撤职的。孩子一旦出现极端情况，学校推家长，家长怪学校。

从根本上改变这种状况，需要通过教育整体化重构才能产生效果。从系统化角度考虑，抓住三个关键，有可能在短时间里产生好的效果。

第一，抓关键行为。青少年健康的归因太多，饮食、睡眠、作业负担等等很难抓，而关键行为就是户外活动。上海市眼病防治中心用两年时间开展的一项行动研究表明：户外活动 2 小时，近视率下降 30%。目前一线城市小学已经每天一节体育课，再加上每天半小时的大课间活动。如果课间都能让孩子到户外透透气，2 小时要求能达到。户外活动多了，孩子心理问题也会减少。从心理调节角度来看，上一节心理辅导课，不如让孩子们自由自在地打一场篮球。有的城市的近视率 2021 年下降了 1. 2 个百分点，说明目前推出的那些办法是有用的。

第二，抓关键指标。体育进中考、高考是上海最先实施的，统计表明高一学生体质情况明显有提升，但是高中几年学生体质情况下降明显，出现了体育应试的情况，导致学生不是因为喜欢体育而去运动，考试只会让孩子们更不喜欢体育运动，那目前的导向就是失败的。实际上大多数孩子天生是喜欢运动的，科学也表明，适当的运动是能提高学习效率的。各种指标中，近视率是最能反映学生健康的一个综合性指标，只要近视率下降了，其他健康问题都会缓解。国家要求从 2023 年起，以 2018 年近视率为基数，每年要下降 1 个百分点，做不到，区域行政官员和校领导要承担责任。这个要求如果真的能够兑现，必将成为青少年健康的转折点。

第三，抓关键人。关键人就是校长。我国中小学与发达国家最大的差距在于体育场地，日本也是人多地少，但是他们的学校运动场地超过学校一半的面积。我国学校生均经费和公用经费大大增加，校长把钱投在健康上，还是投在应试上，有很大的权限。一线城市有一所普通小学，政府没有多投一分钱，但是学校把过道、墙壁、地下室都开发出了体育运动项目，每个教室都采用了全光谱的新智能照明系统，这就是校长的力量。校长最大的权是课程权和教师权，是真心看齐开足体育课，还是打体育课的主意？把有限的编制配齐配足体育教师，还是体育教师将就一下？校长的力量还在于，能够通过提升每一位教师家庭教育的指导能力，来形成家校共育的氛围。

健康，“健”代表有力，“康”代表安好。“双减”为青少年健康打开了一个巨大的空间，减作业减培训，同时增健康增力量，让我们的孩子们强起来，大家都有责任。因此，青少年健康相关责任人的明确以及相关责任的落实对青少年身心健康促进不可或缺。

三、青少年体育培训市场影响

新时代青少年体育培训市场监管体系是深化体教融合促进青少年健康发展进程中青少年体育培训市场治理现代化建设的重要内容。研究显示：其一，青少年体育培训市场主体的行为规范能力不足。《国务院办公厅关于规范校外培训机构发展的意见》（国办发〔2018〕80 号）的颁布，为规范校外培训机构发展提供了分类治理的明确思路，并取得一定成效。但由于青少年体育培训机构在市场中的存在形式具有多元化、嵌入式等特殊性质，地方执法部门在规范校外培训机构中很难实现分类管理，而是采用“一刀切”的治理方式，致使体育培训机构在体育市场监管中处于消极状态。从现实市场实际情况来看，既存在相关市场主体政策缺乏，也出现地方政府监管举措推进不实，导致体育培训市场出现“低价导流”“买一送一”“校企联营”“名师效应”“影视展演”等招生方式乱象丛生；同时，“收费乱”“退费难”等现象亦屡见不鲜。其二，社会组织的行业自律引导功能弱化。政府权责界限不明确，影响体育行业协会开展活动的独立性和权威性，导致体育行业协会丧失天然赋有的社会功能。政府监管过程存在脱管状态，导致体育行业协会发展偏离应有的公益性和专业性，影响其发挥引导行业自律的作用。其三，社会公众的监督作用处于边缘位置。政府过度“引导”导致青少年及其家长难以在培训内容选择与监督过程中形成准确判断。为了促进青少年健康发展和体育后备人才建设，《关于深化体教融合　促进青少年健康发展的意见》特别强调以健康第一的教育理念为指导开展学校体育教学，同时也提出加强冰雪运动、三大球等项目在青少年体育中的推广与普及。可以看出，国家对青少年健康发展及部分体育项目的高度关注和重视。但从地方政府及相关部门在政策执行的过程来看，未能深入领悟国家顶层设计的愿景蓝图，显得过于直接，且政绩工程导向明显，难以从本质上解决问题。如在体质健康测试方面，过于突出学生体质健康测试的结果数据，尤其在体育进中考科目的驱动下，青少年及其家长在体育参与中的功利性思想正在蔓延，“考什么就训什么”的“达标化”“应试化”体育培训市场正在快速发展。此外，从我国新时代体育发展规划及未来趋势来看，突出三大球等重点项目是实现体育强国的战略选择，具有重要的指导性、引领性价值。但从青少年及家长的角度来看，对体育培训项目的选择以及对其市场的判断，想必将脱离从自身需要和实际情况出发而盲目跟从，进而导致青少年及其家长在市场监督中失去理性，趋向边缘。政府关于线上线下平台建设“缺位”导致青少年及其家长缺乏话语通道，影响其参与市场监督能力的提升与积极性的培养。

相关学者研究认为，新时代青少年体育培训市场监管体系应是在“一元主导”下，“多元合作”的主体构架、“法治”与“德治”结合下，多样化配置工具组合，以及“分主体”“互联动”“一体化”的选择路径。应当整合现有法规，完善培训市场法律制度，保障形成“多元共治”的监管格局；统一行政执法，促进政府职能合理定位，实现发挥“有为政府”的时代价值；强化政策扶持，规范体育培训机构行为，突出体现“有效市场”的主体作用；强调内外共建，深化改革体育行业协会，加快提升“行业自律”的引导能力；重视引导畅通，优化青少年及其家长的监督环境，培育形成“主动监督”的行为意识等路径，从而提升青少年体育培训市场的积极作用与影响。

研究发现，查阅、分析促进青少年体育与健康发展领域的文献，总结部分国家的研究，提出“健康管理”的理念，大多显示出的是对体质健康进行体育干预，即通过对个体进行健康体能组成要素的测试、评价、分析，制定合适的运动处方进行锻炼，同时在运动中进行健康指导和干预。对学生体质健康的研究多集中在体适能方面，如美国、加拿大、中国香港、中国台湾等国家和地区，早已关注到了学生的体适能情况，且建立了体适能测试项目和方案，并采取了相应的干预措施，对提高学生的体质健康水平起到了一定的推动作用。结合《健康中国“2030”规划纲要》《中国儿童青少年身体活动指南》与《关于全面加强和改进新时代学校卫生与健康教育工作的意见》等相关文件要求，以及我国的实际情况，应当编制出切实可行的关于健康干预的教学设计、练习方法和评价体系，为“体育健康促进与干预”的实施奠定理论基础。要建立符合当前学生健康实际、便于与国际接轨的健康促进、评价、干预系统。

第五章　青少年健康促进的体育干预理论基础

青少年体育发展经历过许多大事件。近10年来，我国青少年体育取得了长足进展。青少年体质健康状况多数指标止跌反弹、逐步向好，全社会关心青少年身心健康的氛围逐渐浓厚，学校体育改革不断推进，体育师资队伍建设不断加强，体育场地设施条件明显改善，对青少年体质健康的评价日益强化，体教融合不断深化，体育干预不断发展。结合青少年身心健康及体育干预研究现状，结合本书的主题，本章选用协同理论、动态系统理论、个体理论、计划行为理论、生态系统理论、社区理论、社会氛围理论作为青少年健康促进的体育干预机制研究的理论基础。

一、协同理论

协同理论（synergetics）亦称“协同学”或“协和学”，是20世纪70年代以来在多学科研究基础上逐渐形成和发展起来的一门新兴学科，是系统科学的重要分支理论。其创立者是联邦德国斯图加特大学教授、著名物理学家哈肯（Hermann Haken）。该理论源于现代物理学和非平衡统计物理学，是一门研究完全不同的学科中存在的共同本质特征的横断科学。它通过分类、类比，来描述各种系统和运动现象中从无序到有序转变的共同规律。协同理论也可称为非平衡系统的自组织理论。

协同理论主要研究远离平衡状态的开放系统在与外界有物质或能量交换的情况下，如何通过自己内部的协同作用，自发地出现时间、空间和功能上的有序结构。协同理论以现代科学的最新成果——系统论、信息论、控制论、突变论等为基础，吸取了结构耗散理论的大量营养，采用统计学和动力学相结合的方法，通过对不同的领域的分析，提出了多维相对空间理论，建立了一整套的数学模型和处理方案，在微观到宏观的过渡上，描述了各种系统和现象中从无序到有序转变的共同规律。协同理论是研究不同事物共同特征及其协同机理的新兴学科，是近十几年来获得发展并被广泛应用的综合性学科。它着重探讨各种系统从无序变为有序时的相似性。协同理论的创始人哈肯说过，他把这个学科称为“协同学”，一方面是由于我们所研究的对象是在结构和功能的宏观尺度上，由许多子系统联合作用产生；另一方面，它又是由许多不同的学科进行合作，来发现自组织系统的一般原理。

客观世界存在着各种各样的系统。社会的或自然界的系统，有生命或无生命的系统，宏观的或微观的系统等，这些看起来完全不同的系统，却都具有深刻的相似性。协同理论则是在研究事物从旧结构转变为新结构的机理的共同规律上形成和发展的，它的主要特点是通过类比，对于从无序到有序的现象建立了一整套数学模型和处理方案，并推广到广泛的领域。它基于“很多子系统的合作受相同原理支配而与子系统特性无关”的原理，设想在跨学科领域内，考察其类似性以探求其规律。哈肯在阐述协同理论时讲道：“我们现在好像在大山脚下从不同的两边挖一条隧道，这个大山至今把不同的学科分隔开，尤其是把‘软’科学和‘硬’科学分隔开。”协同理论的三个主要内容如下：

（一）协同效应

协同效应是指由于协同作用而产生的结果，是指复杂开放系统中大量子系统相互作用而产生的整体效应或集体效应。对千差万别的自然系统或社会系统而言，均存在着协同作用。协同作用是系统有序结构形成的内驱力。任何复杂系统，当在外来能量的作用下或物质的聚集态达到某种临界值时，子系统之间就会产生协同作用。这种协同作用能使系统在临界点发生质变时产生协同效应，使系统从无序变为有序，从混沌中产生某种稳定结构。因此，协同效应反映了系统自组织现象的特点。

（二）伺服原理

伺服原理用一句话来概括，即快变量服从慢变量，序参量支配子系统行为。它从系统内部稳定因素和不稳定因素间的相互作用方面描述了系统的自组织的过程。其实质在于规定了临界点上系统的简化原则——“快速衰减组态被迫跟随于缓慢增长的组态”，即系统在接近不稳定点或临界点时，系统的动力学和突现结构通常由少数几个集体变量即序参量决定，而系统其他变量的行为则由这些序参量支配或规定，正如协同理论的创始人哈肯所说，序参量以“雪崩”之势席卷整个系统，掌握全局，主宰系统演化的整个过程。

（三）自组织原理

自组织是相对于他组织而言的。他组织是指组织指令和组织能力来自系统外部，而自组织则指系统在没有外部指令的条件下，其内部子系统之间能够按照某种规则自动形成一定的结构或功能，具有内在性和自生性特点。自组织原理解释了在一定的外部能量流、信息流和物质流输入的条件下，系统会通过大量子系统之间的协同作用而形成新的时间、空间或功能有序结构。

二、动态系统理论

动态系统是指状态随时间而变化的系统。动态系统具有这样的特点：系统的状态变量随时间有明显的变化，是时间的函数；系统状况可以由其状态变量随时间变化的信息（数据）来描述。要特别指出的是，动态系统和系统的运动是两个不同的概念。运动是系统的基本属性，一切系统，包括静态系统，都是在不断地运动之中。唯有系统在运动中状态随时间而发生明显变化的，才是动态系统。其特点为：系统的状态变量是时间函数，即其状态变量随时间而变化；系统状况由其状态变量随时间变化的信息来描述；状态变量的持续性。动态系统理论作为系统科学的核心理论，动态系统理论作为系统科学理论的核心，是解释复杂系统如何随时间而变化的综合理论，突出地表现了系统科学的动态性原则。它来源于经典力学，与自组织理论息息相关，是按确定规律随着时间演进的系统理论。动态系统理论主要由四个核心部分组成：初始状态、吸引状态、变异和非线性，它的显著特征是彻底关联性，系统中所有的变量都是相互联系的，一个变量的改变会影响其他变量，从而形成蝴蝶效应、迭代效应等。

动态系统理论是解释青少年健康发展的一种元理论，它认为发展中的青少年个体是一个自组织的、不断与环境进行交流的开放系统。自组织是指个体会在不同的环境、任务等条件下，通过调整自身系统而表现出不同的动作模式。动态系统理论已应用在神经动力学及认知科学中，尤其是在新皮亚杰学派。此学派认为，认知科学最适合用物理理论来表示，而不是用以语法学及人工智能为基础的理论，此学派也认为微分方程是最适合为人类行为建模的数学工具，可以表示在状态空间中的认知轨迹。换句话说，此学派认为心理学应该是描述人在特定环境及内在压力下的认知及反应（并且是用微分方程来描述），其中也常用到混沌理论来描述。

在动态系统理论中，当旧的学习模式被破坏时，学习者的心智会出现一个不平衡的状态，即为认知发展的相变期，活动水平会以自组织的方式互相联结，形成新的微观及巨观结构互相支持。新的状态是渐进的、离散的、异质的及不可预测的。近来动态系统理论也用来解释 A 非 B 错误，是儿童发展学中一个长久未能解答的问题。混沌理论是描述一些特定动态系统的特性，这些动态系统的状态会随时间而变化，而且对其初始状态有高度的敏感性（称为“蝴蝶效应”），由于初始状态的微扰会使状态的误差随着时间呈指数的成长，因此混沌系统看似是随机的，但其实混沌系统是一个确定系统，其未来的动态特性是由初始状态所完全决定，没有随机的因素在内。

三、个体理论

个体理论在过去40多年的健康行为研究中发挥了突出作用。最常用的个体理论的主要组成部分和应用，包括社会认知理论（SCT）、自我调节模型、健康信念模型（HBM）、计划行为理论、跨理论模型，以及复发预防（RP）模型。个体理论应用于新型技术及干预等领域，可为该领域的理论发展提供创新方法的机会。

Benner、DiMatteo、Fotheringham、Sawyer、Kimmel、Osterberg 和 Blaschke 等人的观点显示有效的预防和治疗方案的最终成功，取决于个人是否愿意采取和维持所需的行动行为。鉴于筛查、免疫和遵守规定医疗方案的比例较低，行为科学家投入大量精力来解释和预测个人与健康相关的决定也就不足为奇了。

这些理论倾向于关注认知变量，例如态度、信念和期望，以及影响它们的因素。他们是“理性的”，因为他们假设个人希望最大化积极的健康结果。尽管人们越来越关注对健康行为产生更广泛影响的多层次框架和理论，但个体层次的理论仍然广泛用于研究文献中。仔细检查这些理论如何应用于实证研究，我们发现相当大的差异：一方面在频谱方面，研究在某种程度上是由理论提供的；另一方面，Michie & Prestwich、Painter 等人的研究旨在测试或试图在前人的研究基础上建立新的理论。最近的干预措施制定和评估指南重申了强大理论基础的重要性。

从最近的趋势中可以看出个别理论的持续流行。首先，20世纪的理论正在21世纪以新的方式应用，因为健康行为干预越来越多地通过电子方式提供。其次，全球互联的世界和新的沟通渠道使研究人员和从业者能够将个体理论应用到远离理论产生地的人群和环境中。随着从这项工作中汲取的经验教训被分享，King 等学者深入了解文化和环境如何影响这些理论的普遍性。再次，个体理论的使用已经远远超出了传统的健康行为，其中大多数最初是为了研究抗菌药物管理、老年人的驾驶行为。

个体理论的吸引力在于他们对健康行为研究和实践的潜在强大应用。

例如，他们可以通过帮助确定要影响和衡量的健康行为的关键决定因素来形成干预开发和评估的蓝图。理论还可以用来预测未来的健康行为，更普遍地说，可以帮助我们筛选与人类健康相关的行为的复杂性。然而，降低这些理论的潜在价值的现实是，关于在干预开发中明确使用理论是否真的提高了干预效果，以及每种理论对特定健康行为、人群或环境的实用性和适用性的证据尚不明确。

前文所说的六种常用的个人健康行为理论：社会认知理论、自我调节模型、健康信念模型、计划行为理论、超理论模型、复发预防模型，各个理论之间的有用维度有重叠，通过比较与筛选各个理论的有用维度与价值，为青少年健康促进的体育干预模式构建提供理论支撑，并为个体理论在现代化健康发展与健康干预中的应用铺垫理论基础。

健康行为理论正在以新的方式被应用，因为干预实施方法与通信和信息交换方面的社会变化保持同步。例如，在过去十年中，通过互联网（EHealth）或移动设备（MHealth）提供的基于理论的干预措施急剧增加。MHealth 包括短消息服务和支持互联网的智能手机上的应用程序，其中可能包含摄像头、全球定位系统和生理传感器纳入干预设计。一个简单的研究数据显示，2015 年至 2016 年间发表在《健康教育与行为》杂志上的行为干预研究中大约有四分之一包含了现代技术的应用支持。与传统方式相比，数字干预有可能为更多、更多样化的受众提供健康行为改变支持，不仅因为它们的边际成本低，而且现在手机的使用在社会经济和人口群体中很普遍。关于许多数字健康行为改变干预措施对不同人群行为的有效性的证据正在积累。

研究显示，健康行为理论在很大程度上融入了现代技术支持的健康干预措施。例如，学者 Winter 及其同事回顾了 2010 年至 2015 年间发表的 240 项心血管疾病预防和治疗技术干预措施，发现其中约一半包含对行为理论或模型的应用。研究表明，MHealth 在吸烟、减肥、疾病监测与管理方面的干预措施应用增加，大多数吸烟和肥胖干预研究都应用了部分个人理论，并且社会认知理论被引用最多。同时，通过解决行为改变的理论认知机制也可能变得更加有效，即使是简单的依从性提醒干预。

青少年健康观念的改变、个人的健康价值观和行为的选择是紧密联系在一起的。虽然人们都珍惜自己的生命和健康，但自相冲突的价值观还是相当普遍的。青少年健康价值观的塑造与家庭关系和家庭健康观念有着很大的关联性，很多的价值观甚至是与青少年身心健康促进相违背的，例如为增加青少年未来的就业机会和增强就业能力，而树立了“智育第一”的价值观，更多的家长或教师以牺牲青少年的体育活动时间、休息时间、饮食时间来换取学习成绩的提高。因此，基于上述现象需对青少年健康价值观念、健康行为习惯加以改变。首先，国家及相关机构不断提高对青少年身心健康的重视程度，尤其是在相关政策、重要领导讲话以及重要会议中彰显出对青少年体质健康的重视；其次，通过各种信息化平台及手段，如网络、报刊、电视、书籍等渠道扩大对青少年体质健康的价值观宣传；最后，通过对青少年关系网络成员的价值观进行改造，通过管理网络成员进而影响青少年的价值观。

四、计划行为理论

行为意图的预测，作为行为本身的直接前因，是计划行为理论创始人 Ajzen 的核心计划行为理论及其前身理性行为理论。根据这些模型，行为意图的预测因素是：（1）个人对行为的态度，这反过来又受到个人对可能性和结果可取性行为信念的影响；（2）主观规范对个人感知的行为的影响，取决于个人认为重要的其他人对该行为的期望，以及个人遵守其认为其他重要的信念的动机。这两个组成部分——态度和主观规范——对意图的相对影响取决于行为目标的性质。对于某些行为，态度成分将是意图的主要决定因素，而对于其他行为，个人越相信需获得重要他人支持该行为，他或她执行该行为的意图就越强。其创建者又对该模型进行了改进，添加了“描述性规范”作为“规范性信念”组成的一部分。“描述性规范”是一个人对他人对特定行为的实际表现的感知（例如，对同龄人进行安全行为的感知程度），不仅仅是别人对行为的看法。

计划行为理论（图 5－1）扩展概念类似于学者 Bandura 的自我效能结构（Ajzen，1991）。这些综合了影响个人行为的内在存在感以及外部因素认可度。例如具有可行性计划、技术、社会支持、知识、时间、财力、意志力和机会等。通过思考确定后，计划行为理论会增加人们无法完全通过意志控制的与健康相关的行为，例如遵循体育健康促进指南、营养指南等。该理论已广泛应用于健康研究及健康相关行为，如体育活动。

Ajzen 还提出了几种进一步完善计划行为理论的方法。首先，增加如何根据情绪和环境激活信念的工作。调查其他潜在的影响因素，包括过去的行为习惯在决定行为意图方面所起的作用，以及稳定的“因素”——例如人格特质或人口统计特征——如何影响行为。Howland 等人（2016）认为关于得到发展的计划行为理论在评估人际关系对身体活动意图和行为方面的影响时达到二元水平。在这项研究中，项目合作伙伴——中国人民银

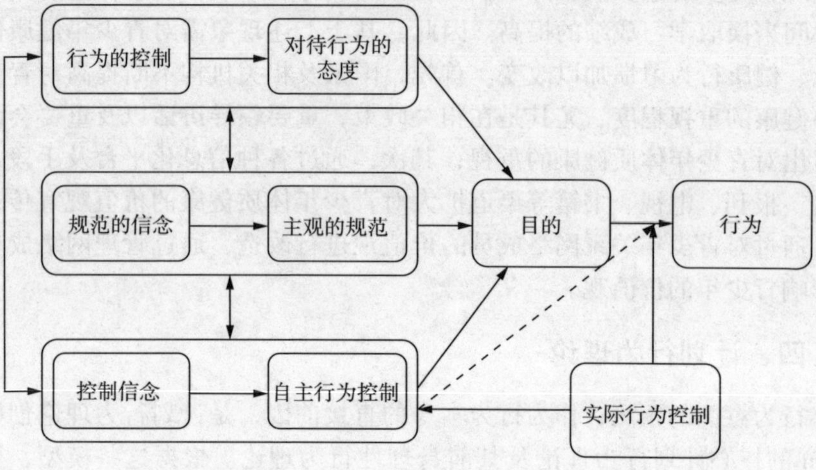

图 5-1　计划行为理论

（资料来源：http：//people. umass. edu/aizen/tpb. html）

行预测一个人的意图是在他们自身之外进行身体活动的行为模型预测。他们建议，这种二元框架也可以扩展应用到其他个体理论。

青少年身心健康态度的改变主要是基于计划行为理论合并个体理论。身心健康态度是指青少年对某种与身心健康相关行为所存在的一般而稳定的倾向或立场，由每个行为信念乘以相应的结构评价之积总和作为间接指标。因此，青少年身心健康态度是身心健康信念与相应结构评价的乘积。相关研究指出，体育活动态度对青少年近视的预防具有积极的效果。因此，青少年身心健康态度的改变要基于对青少年身心健康信念和行为后果评价的改变，增强青少年身心健康信念和加强身心健康行为后果评价。青少年身心健康行为后果评价主要是青少年对行为所产生结果或特性的评价，这一评价同样涉及关系网络层面和价值观念塑造层面。关系网络层面和价值观念塑造层面主要是关系网络中的成员增加信息性支持，这些信息性支持中包括对青少年身心健康危险行为的建议、忠告以及相关信息的提供，这些信息性支持是基于关系网络成员对青少年行为的期望。

五、生态系统理论

生态系统理论（Ecological Systems Theory）是由美国心理学家布朗芬布伦纳（Bronfenbrenner）提出的个体发展模型，强调发展个体嵌套于相互影响的一系列环境系统之中，在这些系统中，系统与个体相互作用并影响着个体发展。布朗芬布伦纳认为，自然环境是人类发展的主要影响源，这一点往往被人为设计的实验室里的研究发展的学者所忽视。他认为，环境（或自然生态）是“一组嵌套结构，每一个嵌套在下一个中，就像俄罗斯套娃一样”。换句话说，发展的个体处在从直接环境（像家庭）到间接环境（像宽泛的文化）的几个环境系统的中间或嵌套于其中。每一系统都与其他系统以及个体交互作用，影响着发展的许多重要方面。

尽管现代学习理论家班杜拉认为环境既影响着个体的发展，也受发展的个体的影响，然而他仍然没有对个体发展的环境做出明确描述。布朗芬布伦纳的生态系统理论对环境的影响做出了详细分析。因为他承认生物因素和环境因素交互影响着人的发展，所以把这种理论描述为生物生态学理论可能更为准确。

布朗芬布伦纳认为，环境层次的最里层是微观系统（Microsystem），是指个体活动和交往的直接环境，这个环境是不断变化和发展的，是环境系统的最里层。对大多数孩子来说，微系统仅限于家庭。随着孩子的不断成长，活动范围不断扩展，幼儿园、学校和同伴关系不断纳入婴幼儿的微系统中来。对学生来说，学校是除家庭以外对其影响最大的微系统。布朗芬布伦纳强调，为认识这个层次青少年儿童的发展，必须看到所有关系是双向的，即成人影响着青少年儿童的反应，但是青少年儿童的生物和社会特征，如生理特性、人格特征和能力也影响成人的行为。一个友善、专心的孩子容易引发父母积极耐心的反应，而一个好动、分心的孩子则容易成为父母的限制和惩罚对象。无时无刻不在发生的双向互动对发展起着持久性的影响。当青少年儿童与成人之间的交互反应很好地建立并经常发生时，会对青少年儿童的发展产生持久的作用。但是当成人与青少年儿童之间关系受到第三方影响时，如果第三方的影响是积极的，那么成人与青少年儿童之间的关系会更进一步发展；相反，青少年儿童与父母之间的关系就会遭到破坏。例如，爸爸妈妈在承担父母角色中互相鼓励，他们就能更好地执行做父母的责任。相形之下，夫妻冲突往往导致不一致的管教方法并迁怒于孩子。结果，孩子也会变得更有敌意，于是，父母和孩子都面临着适应不良的处境。布朗芬布伦纳认为，中间系统是指各微系统之间的联系或相互关系，如果微系统之间有较强的积极的联系，发展可能实现最优化；相反，微系统间的非积极的联系会产生消极的后果。布朗芬布伦纳模型中的第二层是中环境系统，是指几个小环境之间的联系。例如一个孩子的学习进步不仅取决于课堂活动，而且取决于父母对孩子学习的关心和在家里花多少时间学习。对成人来说，在家里做配偶、做父母做得好不好，也受到他在工作单位的人际关系的影响，反之亦然。环境层次再向外为外层系统（Exosystem），是指那些儿童并未直接参与却对他们的发展产生影响的系统。这种环境可能是正式的组织，如个人所在单位的董事会或社区的保健、福利机构。具体来说，像灵活的上班时间，母亲的带薪产假，父亲带薪的休假，孩子生病时其父母能获准在家照顾孩子，都是父母单位所能做到的帮助父母养育孩子的方法，而且有助于父母和孩子的健康发展。外环境系统的支持也可以是非正式的。儿童可能受到其父母的社会网络的影响，如父母的朋友和大家庭成员（祖辈、叔姨）提供的建议、陪伴和经济援助等。研究证实，如果外环境系统不能发挥作用，会产生负面影响。一个家庭如果与外面很少有个人和团体的联系，或受失业影响而与世隔绝，家庭冲突和虐待孩子的比例就会升高。环境层次再扩大是宏观系统（Macrosystem）。指的是存在于以上3个系统中较大的文化背景（例如，东方文化对比西方文化，国家经济、政治文化，次文化）。宏观系统实际上是一个广阔的意识形态。它规定如何对待儿童，教给青少年儿童什么以及青少年儿童应该努力的目标。大环境系统能否满足儿童和成人的需要，关系到他们在内部环境水平上获得的支持。例如，有些国家规定了较高的儿童养育补助标准，工作单位对就业父母的政策有较多优惠，孩子在小环境中就有良好的生活经验。在不同文化中这些观念是不同的，但是这些观念存在于微系统、中系统和外系统中，直接或间接地影响青少年儿童知识经验的获得。宏观系统还包括时间系统（Chronosystem），即环境事件与生活方式的改变，个人的生活规律可能被认为是微系统的一部分。因为人有主观能动性，可以自由地选择环境。而对环境的选择是随着时间不断推移个体知识经验不断积累的结果。布朗芬布伦纳将这种环境的变化称为“生态转变”，每次转变都是个体人生发展的一个阶段。比如，升学、结婚、退休等。而布朗芬布伦纳提出的时间系统关注的正是人生的每一个过渡点，他将转变分为两类：正常的（如入学、青春期、参加工作、结婚、退休）和非正常的（如家庭中有人去世或病重、离异、迁居、彩票中奖），这些转变发生在人的一生之中，常常成为发展的动力，同时这些转变也会通过影响家庭进程对发展产生间接影响。因此，生态系统理论近来也被称作“生物生态学理论（Bio-Ecological Systems Theory）”。因此，生态系统论认为，发展既不是由环境单独控制、也不是由个体内部原因决定的；相反，人既是环境的产物，也是环境的创造者，人和环境形成一个相互依赖的网络。每个系统都包含了能有力地影响发展的角色、规范和规则。

家庭之于生态系统理论，将家庭看作是一个社会系统，是指家庭很像人体，是一个整体结构，它由相互关联的部分组成，其中各个部分之间都会相互影响，而且每一部分都有助于总体功能的发挥。以传统的核心家庭为例，即使只有父亲、母亲、孩子组成的系统也是相当复杂的。孩子和母亲的交往就已经涉及一个交互影响的过程。我们注意到，孩子的微笑可以由母亲的微笑所引发，而母亲担心的表情通常也会使孩子变得小心谨慎。当父亲参与进来时又会发生什么变化呢？母婴之间的双向过程突然转变成了由夫妻关系、母子关系和父子关系组成的家庭系统。家庭大于其组成部分之和。父母影响孩子，孩子也影响着父母以及他们之间的夫妻关系。当然，夫妻关系也影响着孩子的养育情况、孩子的行为等等。显然，家庭确实是一个复杂的社会系统。

六、社区理论

社区理论是社会学理论体系的重要组成部分，社区研究是社会学从整体上认识社会、把握社会的重要视角。一个国家或民族乃至整个世界都是由若干类型的社区相互联系与制约构成的，作为社会最小细胞的个体又无不生存于社区环境之中，因而社区研究作为宏观与微观研究社会的桥梁在社会学的发展过程中承担了不可取代的重要角色。

社区理论最早由社区心理学家 Sarason（1974）描述。该理论旨在捕捉人们在认为自己与自身以外的更广泛社区具有相互依存关系时的感受。更具体地说，社区的心理意义是：“感觉一个人是一个更大的可靠和稳定结构的一部分”。McMillan 和 Chavis（1986）将社区感定义为成员的归属感，成员觉得他们对彼此和团队很重要。有一个共同的信念，即成员的需求将通过他们在一起的承诺得到满足。社区心理学家通过评估以下因素来衡量社区意识：（1）成员资格；（2）影响力；（3）需求的整合和满足；（4）共享的情感联系。成员资格涉及关于谁在特定社区中和谁在特定社区之外的明确界限。影响力是指一个人认为自己必须影响指导社区实践的更广泛的社区层面和个人层面规范的能力。需求的整合和满足是指感觉与拥有共同价值观、交换资源和满足需求的网络相连。共同的情感联系是指参与他人的庆祝活动，参与特定的仪式或典礼，交换资源，满足需求。如果社区意识是核心价值，那么尝试找到可靠评估和衡量它的方法就很重要，这样我们才能评估干预措施如何影响社区意识。如果干预对特定结果有效，例如提高青少年的学业成绩、健康水平，但具有降低课堂学生社区意识的负面后果，那么社区心理学家会判断这是无效的和潜在的有害的干预。已经有人尝试更好的概念和衡量社区意识，以了解人们如何体验他们与社区的联系。

七、社会氛围理论

社区心理学家 Rudolf Moos 为了更好地理解个人与其社会环境之间的自然相互作用提出了社会氛围理论。社会氛围理论有助于理解人们如何适应他们的社会环境以及环境如何适应人们。社会氛围理论利用人感知方式的三个主要维度：（1）环境如何组织他们对社会关系的感知；（2）他们如何在个人发展中得到支持；（3）如何处理、规范环境的维护并支持改革过程。从心理测量的角度来看，社会风气与个人幸福感指标有很大关系。该措施对于评估学校和青少年干预计划中的环境动态十分有效。

例如，当试图了解人们在特定环境中的经历时，据说一个组织正在遭受歧视，可以使用社会氛围理论来评估该组织内的人员在多大程度上、在组织的哪个位置上遭受歧视以及歧视程度多高，这些可能会对社区心理学家干预的方式产生影响，以改变环境的发展方式。

第六章 青少年身心健康促进的体育干预机制构建

纵览近年来的文献资料，目前针对青少年健康的体育干预仍未见系统的研究。国外相关研究较多较早，多见于体育干预路径和模式开发之中。代表性观点有：Eime 等（2013）认为，需将社区体育活动作为一种青少年体育干预方式，可改善青少年身体健康问题，提高心理健康水平。Spruit 等（2016）指出：体育干预研究首先须为一项运动或（有氧）锻炼，户外活动可考虑作为一种群体疗法；其次研究须是实验性的（比较干预组与对照组），如 Duda 等（2013）的研究，即采用欧洲五国“授权辅导”项目（针对青少年足球俱乐部）进行体育干预的实验研究。Norris（2002）、Neria（2008）、Laugharne（2013）、Schwartz（2015，2017）则从灾难视角进行体育干预及效果的分析，认为社区、学校、家庭为青少年身心健康的主要影响因素和干预实施主体。

国内研究围绕与青少年健康促进的体育干预分析主要有三个方面：

第一，体育干预的理论与实践。理论研究较之于实验研究偏少，刘芳梅（2018），司琪、金秋燕（2018），任杰等（2012）的研究主要为体育干预理论机制、体育干预评价的指标体系、干预策略研究。其中理论模型应用如：张瑞琪、司琦（2019）基于社会生态模型，以各体育项目干预方式下多学科指标为测量标准检验干预效果；甄志平（2004）基于 KAP 模型和干预实验，构建“知信行融合统一的发展性体育教育模式”。实验研究多集中在体育干预对青少年的不同心理、身体与行为问题的作用效果方面，涉及近视、肥胖、自闭症、抑郁症、网瘾、犯罪等（甄志平，2004；张娟，2011；王历，2017；张大超，2019）。段宝林（2009）、欧阳新辉等（2009）、张玥（2019）等的研究也包括灾难视域下青少年身心健康的体育干预。

第二，体育干预模式与效果。闫琳琳等（2013）探索“原教学计划+基础体能+专题讲座+体育欣赏+教学比赛”的体育教学模式有效；刘芳梅（2018）的研究表明，家庭的体育教育、引导、实践等干预对青少年健康促进应居首位；魏瑶，洪冬美（2012）使用“TARGET”模式进行干预，认为体育锻炼、干预方式和任务定向水平之间存在交互影响；孙利红等（2016）、段宝林（2009）的研究挖掘体育课程结合“引导教育”“课外活动”等的模式有效。王超（2014）认为，家庭与社区网络联动干预（医疗体育即体育康复手段）对青少年抑郁症具有治疗效果，有利于青少年心理健康。

第三，体育干预评价指标。张瑞琦、司琪（2019）的研究显示主要是身体活动水平指标；甄志平（2004）、张娟（2019）、任杰等（2012）的研究显示，评价主要是体质测试指标和心理指标；司琦、金秋艳（2018）在RE-AIM框架下构建了一级5项、二级14项、三级38项指标。这些研究多关注于体育干预的方式、策略，为青少年健康促进的体育干预理论及实践做出了很好的探索。

通过上述对青少年体质健康促进的时代背景、理论基础的考察，以及对我国青少年身心健康以及体育活动状况进行考察，我们可以把握青少年身心健康的现状；对我国青少年身心健康影响因素进行宏观微观考察。在我国青少年身心健康促进的理论与实践考察的基础上，结合协同理论、动态系统理论、个体理论、计划行为理论、生态系统理论、社区理论、社会氛围理论，分析如何干预、如何评价、干预机制如何运行和保障等深层次的内容，构建青少年身心健康促进模式、干预评价、干预机制。在青少年身心健康促进的新时代模式的理论框架基础上，阐释我国青少年身心健康促进的新时代模式运行逻辑、实施路径的生成逻辑，构建我国青少年身心健康促进的新时代模式实施路径和操作步骤。

一、青少年身心健康促进的体育干预的总体架构

（一）加强政策引导

政策是国家政权机关、政党组织和其他社会政治集团为了实现自己所代表的阶级、阶层的利益与意志，以权威形式标准化地规定在一定的历史时期内，应该达到的奋斗目标、遵循的行动原则、完成的明确任务、实行的工作方式、采取的一般步骤和具体措施。加强党对卫生健康工作的领导，强化政府责任，健全部门协作机制，及时细化完善政策措施，完善国民健康政策，推动各项任务落实。加快建立健康影响评价评估制度，在推动经济社会发展规划中突出健康目标指标、公共政策制定实施中向健康倾斜、公共资源配置上优先满足健康发展需要。健康政策仍需不断强化社区与学校体育的联系，引导各方参与到落实促进青少年身心健康和体育干预

工作中来。

2007 年，《中共中央国务院关于加强青少年体育增强青少年体质的意见》发布。2019 年，《健康中国行动（2019—2030 年）》发布，国务院成立健康中国行动推进委员会，负责统筹推进《健康中国行动（2019—2030 年）》组织实施、监测和考核等相关工作；按年度研究部署行动推进的重点任务，并协调推动各地区各相关部门工作落实；根据疾病谱变化及医学进步等情况，研究对健康教育和重大疾病预防、治疗、康复、健康促进等提出指导性意见，并适时调整指标、行动内容，落实党中央、国务院的各项工作部署。2019 年 9 月 2 日，国务院办公厅印发《体育强国建设纲要》（以下简称《纲要》），《纲要》提出：到 2035 年参加体育锻炼人数达到 45% 以上，人均体育场地面积达到 2.5 平方米，《国民体质测定标准》合格率超过 92%。《纲要》强调，要加强组织领导，加大政策支持力度，促进区域协调发展，加快体育人才培养和引进，推进体育领域法治和行业作风建设，加强体育政策规划的制定。各地、各部门和单位要建立目标任务分解考核和动态调整机制，制订实施方案，确保体育强国建设目标如期实现。为此，我们需要加强战略思想上的长远谋划，加强政策体制上的科学设计，并扎扎实实逐一攻克、破解难题。以体育强国目标为指引，以改革创新的精神继续推动工作，巩固和扩大成果，必能创造中国体育更加美好的未来。

2022 年 5 月，国务院办公厅印发《“十四五”国民健康规划》，通知要求：随着我国医疗卫生事业从“以疾病治疗为中心”向“以预防和人民健康为中心”转变，在下一个五年，医疗机构发展的重点不得不跟着时代发展的浪潮与时俱进，做出调整与改变。其中提出多个细分领域的改革与规划，值得关注的是：在医政司所重点推进的专科项目中，除了护理、康复外，还新增了心理健康领域，将精神心理问题提升到重要的战略性地位。其中提到促进儿童青少年身心健康，加强心理教育；实施健康儿童行动提升计划，完善儿童健康服务网络，建设儿童友好医院，加强儿科建设，推动儿童保健门诊标准化、规范化建设，加强儿童保健和医疗服务；加强对儿童青少年贫血、视力不良、肥胖、龋齿、心理行为发育异常、听力障碍、脊柱侧弯等风险因素和疾病的筛查、诊断和干预；指导学校和家长对学生实施防控综合干预，抓好儿童青少年近视防控；加强儿童心理健康教育和服务，强化儿童孤独症筛查和干预。

综合性政策方案是青少年体质健康促进的依托。例如，美国在 1972 年“总统健身奖励计划”实施的基础上，又推出“总统积极生活方式奖励+”

计划。该计划非常重视青少年体育运动和合理营养控制，并给予了教师和学生细致的指导建议。基于“国家体育活动计划”发展而来的“整体性学校体育项目”，涉及教育、卫生、工商等政府部门和非政府组织，介入青少年体力活动和行为改善，推行相对系统的促进政策。其中学校健康整体促进策略，较关注学校和社区的青少年体力活动行为。营养保健政策奠定了青少年体质健康政策的基础，将学生午餐纳入法制化轨道，将经费纳入财政预算体系，明确了农业、财政和教育各部门的职责。1946 年，美国国会正式通过《国家学生午餐法》，该法案于 1969 年修订，强化了营养午餐的资格准入和审计管理，严格审计和加大惩处力度，对采取欺诈和伪造手段骗取学校营养餐的行为给予 1 万美元罚款和 5 年以下有期徒刑的惩罚。不断完善的政策是保证营养餐推行的重要基础。2011 年，美国联邦政府投资 101 亿美元实施国家营养午餐计划。美国学校通过对综合性学校健康教育要素的优化整合，提升针对性项目的综合绩效，侧重于不同主体与教育内容的有机结合，将健康教育作为健康学校的建设部分。在健康学校建设中，美国还制定了“学校健康安全协调员制度”，通过学校内部的健康与安全工作的协同，促进学校健康环境的塑造。

（二）动员各方参与

依据协同理论、社区理论与社会氛围理论，强化跨部门协作，发挥工会、共青团、妇联、残联、计生协会等群团组织以及其他社会组织的作用，调动各企（事）业单位、学校、村（社区）的积极性和创造性，鼓励相关行业学会、协会等充分发挥专业优势，将青少年身心健康工作纳入基层治理，引导青少年家庭主动落实健康主体责任、践行健康生活方式。新的青少年身心健康政策的制定方式，需要发挥各类专业的社会组织在青少年体质健康标准的制定方面的重要作用。

例如中国学生与营养促进会积极与教育、卫生和体育等相关单位联系和合作，及时准确把握政策导向，为促进会工作的开展指明了方向；同时努力创新，拓展促进会的工作，经专家委员会和常务理事会讨论通过，成立四个分会——中国学生营养与健康促进会健康教育分会、中国学生营养与健康促进会学生餐分会、中国学生营养与健康促进会体医融合分会、中国学生营养与健康促进会学生健康产业与供应链分会。这四个分会分别由中国健康教育中心、中国疾控中心营养与健康所、国家体育总局科研所积极筹建。从内容上，健康教育内容属于综合性课程，涉及体质健康、心理与情感、社会与家庭等方面，具体包含体质生长与发育、营养、慢性与传染病预防与控制、心理和情感健康、家庭与社会教育、体育、环境健康等内容。

各方组织开展青少年健康教育，倡导健康生活方式。如开展实施减盐、减油、减糖等营养干预措施，明显减缓青少年超重、肥胖和慢性病发病的增长速度，青少年健康素养水平达到40%；参与青少年身心健康自我管理小组的人数翻倍，保持全球领先水平。开展国家级、省级、市级医院“青少年患者体验日”和“青少年健康科普活动周”活动。开展全民健身行动，推进国家级青少年体育训练基地以及各级体育场馆、各足球场、各级体育公园等一批重大体育设施建设，2030 年人均体育场地面积达到 2. 8 平方米。加大公共场所控烟监督执法力度，完善戒烟服务网络，2030 年成人吸烟率下降到 18% 及以下。推进青少年心理应急干预体系建设，针对失眠、抑郁和焦虑等常见心理障碍，对青少年重点人群普及心理健康知识和急救技能，提高心理健康水平。

依据生态系统理论，推进健康城市、健康村镇、健康细胞工程建设，实现国家卫生区镇全覆盖。推进大气、水、土壤污染防治，2025 年环境空气质量优良天数比例达到 80% 及以上；2030 年重要水功能区水质达标率达 95%及以上。推进绿地、绿道建设，2030 年绿化覆盖率达 42%。完善城市慢行交通设施，提升交通出行安全防护水平。2030 年主要食品安全总体监测合格率达 97% 及以上。

依据个体理论、计划行为理论，围绕中小学、职业学校青少年等重点人群的健康需求开展健康管理和服务，建设 18 个儿童早期发展基地，组织开发儿童早期发展服务包。关注中小学生，开展健康学校建设，加强生命教育，把学生体质健康状况纳入对学校的绩效考核，构建健康教育课程体系。实施儿童青少年近视综合防治行动，实施儿童口腔健康服务与管理，推广学校营养午餐食谱，推动中小学校校内禁售含糖饮料。至 2025 年，儿童青少年总体近视率在 2018 年的基础上力争每年降低 0. 5 到 1 个百分点以上；至 2030 年，学生体质健康标准优良率达到 60% 及以上。

青少年健康的惯习，不仅与社会政治制度与政策、社会变迁紧密相关联，同时也与文化氛围的传播宣传密切相关。

（三）做好宣传引导

政策指出要发挥基层首创精神，鼓励地方结合实际积极探索创新。及时总结推广地方好的经验和做法，发挥示范引领作用。积极宣传推进健康中国建设相关政策措施，做好信息发布，加强正面宣传和典型报道。加强舆论引导，及时回应社会关切。在生态系统理论与动态系统理论的共同指导下，满足时间要素、个体要素、环境要素、资源要素的情况下，构建更加完善的宣传引导工作机制。

青少年身心健康促进的体育干预，要与教育、卫生、营养等各领域互动协同开展。例如“中国学生营养日宣传教育活动”“学生营养与健康示范学校”“国家学生饮用奶计划推广示范学校”“儿童青少年心理健康宣传月”等品牌活动。“中国学生营养日宣传教育活动”“学生营养与健康示范学校”“国家学生饮用奶计划推广示范学校”活动由中国学生与营养促进会联合中国关心下一代工作委员会、中国营养学会、中国奶业协会等单位共同主办的品牌活动，支持单位是中国健康教育中心，承办单位是市级预防医学会、市级疾病预防控制中心、市级或区级教育局、市区级卫生计生委、部分乳业股份有限公司，协办单位为地区学校。为更好地做好学生营养健康知识的宣传与普及工作，中国学生与营养促进会建立了微信公众平台，开通了微信公众号（中国学生健康）。同时，召开“校园供餐标准化、规范化和产业化”论坛，召开“中国学生营养改善研讨会”，推动幼儿园、中小学校少儿膳食健康管理平台建设。

例如，为全面赋能儿童青少年心理健康，由国家心理健康和精神卫生防治中心主办、家庭报文化发展有限公司承办的以“共建心家园　孕育新成长”为主题的2022年儿童青少年心理健康宣传月，于6月1日至6月30日在全国范围内开展。宣传月致力于落实“家庭心理健康促进计划”，号召社会各界积极响应《家庭心理健康促进倡议》，探索儿童青少年心理健康建设新路径，营造全民参与的社会氛围；推动完善家庭心理健康服务体系，维护全民身心健康，推动健康中国行动的落地落实。“专家解读、明星助力、多彩活动……”宣传月亮点汇聚，从多渠道、多维度、多层次普及儿童青少年心理健康知识与技能，助力家庭健康理念进入千家万户。6月19日，宣传月举办线上分享会。相关领导、专家学者、教师代表、明星大咖等分别围绕“向阳而生，守护心灵家园”“责任共筑，护航健康心声”等进行解读，为儿童青少年心理健康问题答疑解惑。同时，分享会上还发布了心理健康书籍《直面问题，快乐成长》，开启“2022年儿童青少年心理健康宣传月文创设计方案征集活动”，为儿童青少年奉上健康的“精神食粮”。此外，在分享会上，国家心理健康和精神卫生防治中心logo、公众号也相继与公众正式“见面”。宣传月还推出“青春健康心引力”微博宣传计划，由国家心理健康和精神卫生防治中心作为主题，主持人发起微博话题，每周围绕不同的儿童青少年心理健康热点，科普青少年心理健康指数与技能，促进青少年心理健康。广大网友纷纷积极参与互动，为青少年心理健康贡献不凡力量。

青少年身心健康促进在加强宣传的基础上，仍要强化监测评价工作。为青少年身心健康促进的体育干预工作提供更全面的反馈与推动力。

（四）运用赛事遗产

世界卫生创新峰会呼吁开发可持续性大型体育赛事遗产，促进身体活动。世界卫生创新峰会期间，发布了一份由世界卫生组织和世界卫生创新峰会合作伙伴共同撰写的新报告。该报告呼吁各国政府、体育主管部门和更广泛的体育界充分利用大型体育赛事带来的投资和发挥的提振作用，为社区留下更为持久的健康益处。报告《从长计议：通过大型体育赛事促进身体活动的框架》（“Playing the Long Game：A framework for promoting physical activity through sports mega-events”）（以下简称《从长计议》）推荐多种加强大型体育赛事遗产的方法，以更有效地促进身体活动，改善人口健康状况。

世界卫生组织总干事谭德塞博士表示：“大型体育赛事为促进身体活动和健康的体育运动以及社会效益提供了重要机会，并可确保为世世代代留下持久健康遗产。但是，我们却经常错失通过体育赛事进行可持续变革的机会。报告《从长计议》强调了如何从过去的赛事中吸取教训和更好地规划，为健康和可持续的体育遗产奠定基础。”事实证明，定期的身体活动（包括通过开展体育运动）有助于预防和治疗非传染性疾病，如心脏病、中风、糖尿病以及乳腺癌和结肠癌，也有助于预防高血压、超重和肥胖，并可改善心理健康，增强幸福感。更多地参与体育运动和身体活动可以挽救生命，增进健康，并为建立更强大和更具抵御力的卫生系统和社区提供支持。然而，有四分之一的成年人和五分之四的青少年运动量不足，在过去15年间，身体活动的平均水平几乎没有发生变化。

全球性的大型体育赛事会吸引数以百万计的观众和巨额投资，并可通过有效的赛事遗产规划，为推广公共卫生信息和增加身体活动做出重要贡献。然而，目前尚无关于体育赛事遗产应包含哪些内容的全球标准；不同组织机构对举办赛事的要求各不相同，也没有标准指标可用以评估大型体育赛事遗产的规划、交付或长期影响。

世界卫生创新峰会研究主管 Didi Thompson 表示：“许多举办大型体育赛事的城市都制订了宏伟计划，旨在利用这些赛事形成的势头，增加身体活动，改善健康状况。但一次又一次，我们似乎无法展示出任何可衡量的影响——根本不存在相关数据。”报告《从长计议》是首次提出关于设计和实施这类赛事遗产、最大限度地扩大社区参与体育运动或身体活动的范围和影响的框架。《从长计议》详细介绍了七项旨在交付有意义的大型体育赛事遗产的战略，从规划和申办过程开始，一直延续到赛事结束后10年或20年，以促进改善未来的健康状况。所提建议之一即制订共同的主要业绩指标，以衡量其整个遗产生命周期内的影响，包括设计、规划、交付、实施和评价。

该框架借鉴了世卫组织在《2018—2030年促进身体活动全球行动计划：加强身体活动，造就健康世界》中概述的各项战略目标，此项计划提出了一种综合办法，鼓励参与和改变行为，并最终影响所有人群增加身体活动。在全球范围内，大流行大大减少了身体活动和体育运动的参与度，并使抑郁症和焦虑症增加了25%。大流行比以往任何时候都更加突出表明，必须更加努力地让更多人定期参与身体活动和体育运动。在全球范围内，非传染性疾病每年造成74%的死亡，如果不做出进一步努力，鼓励民众参加体育运动和其他形式的身体活动，将会给卫生系统和社区带来沉重负担。预计在2010—2030年期间，非传染性疾病的增加将给全球经济造成约47万亿美元的损失。世界卫生组织的《2018—2030年促进身体活动全球行动计划》推动营造富有活力的社会，培养热爱活动的人群，创建利于活动的环境，以促进实现到2030年将身体活动参与率提高15%的全球目标。

体育促进健康大会上发布的报告《从长计议》是在世界卫生创新峰会在2020年出版物《采取行动：规划大型体育赛事的持久健康遗产》的基础上编写的，侧重于大型体育赛事遗产所提供的机会，即通过在当地和全球范围内提高身体活动参与率，改善健康状况。如第4届“足球是良医”年度会议，由世界卫生组织、卡塔尔公共卫生部和亚马逊时代（Generation Amazing）基金会共同主办。该项活动是世界卫生“健康的2022年世界杯——为运动与健康创造遗产”倡议的一部分。相关主体毋庸置疑地可以运用赛事遗产的巨大潜在影响更好地进一步开展青少年体育干预。

（五）强化监测评价

青少年的期望和观点纳入国家规划的制定过程且参与体育、教育、卫生、营养等方面制度设计、实施、监测和评价能起到强化作用。青少年有意义地参与体育和相关活动以及其所在社区发展工作的所有方面，将产生多重效益。从运营的角度来看，青少年的参与有助于制定更好的决定和政策。这会使决策者能够利用青少年的独特视角、知识和经验，从而更好地理解他们的需求和问题，并促成更好的解决办法或干预路径。此外，尊重青少年对自身卫生保健的看法，可以确保有更多的青少年寻求信息和服务，并继续接受服务。从发展的角度来看，青少年的参与可增强青少年与家长、老师、长辈之间的关系，发展青少年的领导技能、动力和自尊，并使他们能够发展在社会中发挥积极、正面和有益社会的作用所需的能力和信心。所有这一切对青少年的社交和情感发展都有重要的积极影响。从道德和法律的角度来看，青少年参与决策的权利被载入《联合国儿童权利公约》并在最近的《关于在青少年期实施儿童权利的一般性意见》中得到加强，是一种促进卫生公平的方式。不公平现象的根本原因是权力、金钱和资源的不平等分配。青少年参与体育干预的评价在一定程度上起到对体育干预实施主体的强化监督作用。

因此，所有青少年的关联、赋权和有意义的参与，包括青少年躯体甚至心理最脆弱的青少年，构成了实现公平的机制之一。同时，青少年需要保护性政策。父母或法定监护人、卫生和社会工作者、教师及其他成年人在确保他们的安全方面发挥关键作用。然而，这并不意味着青少年无能力决定自己的生活。保护和自主权似乎是相互矛盾的原则，因为保护措施往往会限制青少年的自主权，但实际上两者可以达成平衡并相互加强。培养自主权，例如增强青少年获取健康卫生服务的权利，是一种保护措施，因为及时获得服务可以保护他们免受潜在的伤害。同时健全卫生健康规划体系，加强不同层级规划衔接。各有关部门要加强对地方部门的指导。建立健全规划实施监测评价机制，加强监测评估能力建设，对规划实施进行年度监测和中期、末期评估，及时发现和统筹研究解决实施中的问题。

监测和评价一旦商定了优先事项，就可以开始计划规划的实施工作。为规划进行计划的一个重要部分是开展监测和评价，以便衡量进展，确认问题和改善结果。监测是系统地收集数据，检查规划的进展。目的是要回答以下问题：我们是否在做我们计划要做的事情？制定监测指标可以帮助确定需要哪些行动和资源，以便在规划规定的时间范围内实现规划的里程碑和具体目标。评价应该是为规划进行计划的一个组成部分，应该包括在最初的规划计划中，以便为评价工作分配适当的预算。制定评价计划也有助于澄清规划的特定目标和具体目标，使其更容易预期并避免可能导致破坏规划的挑战。规划评价的结果和建议应直接和及时地用于规划的重新计划和重点设定，构成项目/规划周期的另一部分，其中包含在不同的环境和面临现实生活挑战时实施规划产生的知识。这对于青少年体育干预的效果检验具有重要意义。

二、青少年身心健康促进的体育干预模式

我们要把满足青少年体育运动、健身需求、促进青少年的全面发展作为体育工作的出发点和落脚点，赋予新时代青少年健康更重要的意义。对标健康中国战略和体育强国建设的新要求、构建更高水平的青少年健康体育公共服务体系，成为我国青少年健康体育干预工作下一步重点发力的方向。学校体育是青少年体育的重要组成部分，但学校体育不能涵盖青少年体育的全部内容。应当集合多方力量、融合多种形式、共享资源平台，倡导“大体育”“大健康”理念，推动青少年体育和青少年健康深度融合，需要强化各级政府、各个部门的责任意识，调动政府、市场、社会、家庭以及个人个体的积极性，让青少年身心健康实现更高质量、更有效率、更加公平、更可持续的发展。新时代青少年身心健康促进的体育干预模式建立在预警系统、应急系统、维护系统的基础上。

第一，预警系统对应的体育干预模式结合已有研究成果及工作实际，运用“体教融合”构建体育干预模式（图6－1）。其中包括“双减”政策的出台、课外体育培训市场的引导文件《课外体育培训行为规范》的出台体现了行业主管部门的担当和作为。体育中考分值加大、与奥运冠军共建双赢的体教融合育人模式、专业体育教练员和退役运动员进入校园的举措、体育场馆向社会开放、体教赛事初步融合、大学体测不合格拿不到毕业证等举措更是对“体教融合”的深入理解，以及对体育干预模式的重构与补充。促进性和预防性青少年身心健康体育干预措施建议，见表6－1所列。

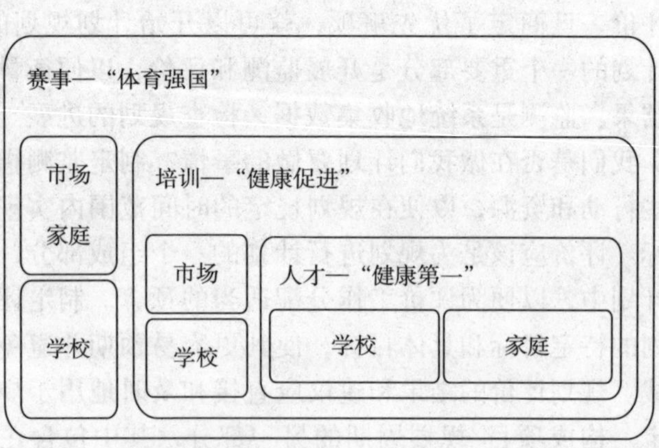

图6－1　预警系统-“体教融合”构建体育干预模式示意图

表 6－1 促进性和预防性青少年身心健康体育干预措施建议

建 议	建议程度	确定性	重要说明	理 由
应向所有青少年提供普遍提供的身心健康体育干预。这些干预措施促进积极的身心健康，预防和减少不健康行为，身体问题（近视、脊柱侧弯）和心理问题（如抑郁、焦虑），攻击性、破坏性和对抗性行为等	强	低	根据现有数据，体育干预措施应涵盖运动技能、社会和情感学习，其中可能包括以下组成部分：运动技能、锻炼方法、情绪调节、解决问题、人际交往技能、正念、自信和压力管理等	证据的确定性经常降低，因为研究易受客观因素的影响，这是由于难以对干预措施自主实施以及依赖自我报告的结果，这两种情况在这些类型的干预研究中都很常见。然而，尽管证据的确定性低，但由于研究结果的相对一致性以及显著的益处大大超过潜在的危害，因此还是提出了强烈建议。此外，对价值观、可行性和成本效益的考量进一步支持了该建议。与需要进行筛查的体育干预措施相比，在学校中的普遍干预措施可能更容易实施，并且不太可能造成污名化。当在学校实施时，体育干预措施可能有助于覆盖很大一部分青少年，并针对一系列广泛的风险因素，同时培养基本技能以促进身心健康和预防危险行为

（续表）

建　议	建议程度	确定性	重要说明	理　由
应向身心健康处于紧急状态影响的青少年提供体育干预。这些干预措施特别有益于预防身体问题（体质健康及非体质健康突破临界值的问题）和心理问题（与压力特别相关的抑郁、焦虑和障碍），可考虑这些干预措施以减少这些人群的药物使用	就改善身体健康问题、缓解减轻心理问题症状和/或预防心理疾病（与压力特别相关的抑郁、焦虑和障碍）而言是强烈建议，有条件的情况下采用医药手段	低	过去和现在对面临身心健康紧急状态的青少年的建议采用广泛的体育干预。这反映了涉及紧急状态的青少年经历的异质性。因此，谨慎解读研究结果非常重要。现有证据表明，体育干预、压力管理、放松策略和对实施者有益的关心是与有效性最相关的干预组成部分。对于遭受严重创伤的青少年，针对创伤的认知行为疗法在改善体质健康、减轻抑郁、焦虑和压力症状方面显示出积极的效果。基于群体的认知行为疗法，体育等干预措施对其他遭遇有压力的事件的青少年的症状显示出积极的影响	证据的确定性经常被降级，因为研究易受客观因素的影响，自主实施以及依赖自我报告的结果，这两种情况在这些类型的干预研究中都很常见。然而，尽管证据的确定性低，还是强烈建议采取体育干预等措施来减轻身心健康问题症状。理由是研究显示的预期益处大于潜在危害。此外，对重要价值观、公平和可行性的考量表明，预防身心疾病的规划应优先考虑身心健康状态处于紧急情况的青少年。证据支持所有青少年都应该受益于普遍提供的身心健康促进的干预的理念。在面临身心健康紧急情况的青少年中，心理疾病的发病率很高，而且在这些环境中存在巨大的治疗缺口，这使得对该人群实施体育等干预的理由更加令人信服。然而，鉴于个人经历和环境差异，考虑青少年的个人情况和面临的风险是很重要的。大多数研究是在低收入和中等收入人群中进行的，三分之一的研究调查了由非专家提供的干预。因此，调查结果与大多数面临身心健康问题紧急情况的青少年生活的环境直接相关

（续表）

建　议	建议程度	确定性	重要说明	理　由
应当考虑对部分青少年和青少年父母同时进行身心健康的干预，特别是为了促进积极的身心健康（健康行为、心理功能和健康观念）和提高自主健康能力	有条件的	低	根据现有证据，可以考虑对部分青少年和其父母制定健康认知行为技能培养规划	部分青少年身心健康受到其父母影响，然而此类父母可能经历了一些造成身心健康问题的事件
应向有体质健康明显问题、有情绪症状的青少年提供指征性的社会干预（包括但不限于体育干预）	就改善身体健康问题、缓解减轻心理问题症状和/或预防心理疾病（与压力特别相关的抑郁、焦虑和障碍）而言是强烈建议，有条件的情况下采用医药手段	极低	根据现有证据，可以考虑对部分青少年制定健康认知行为技能培养规划	证据的确定性经常被降级，因为研究易受客观因素的影响，自主实施以及依赖自我报告的结果，这两种情况在这些类型的干预研究中都很常见。然而，尽管证据的确定性非常低，还是提出了一项强烈建议，以便在有体质健康问题和情绪问题的青少年中改善体质健康状态、减轻抑郁和/或焦虑症状和/或预防心理问题（抑郁和焦虑）以及促进积极的身心健康。原因是利大于弊。此外，对重要价值观、公平和成本效益的考量证明有理由投资于针对这一高危群体的干预措施。青少年身心健康状况不佳是生命后期身心健康问题的一个关键风险因素。对已经表现出体质健康问题、情绪问题的青少年进行早期干预，多数研究已证明对于防止身心健康问题恶化以及优化健康和健康生活行为至关重要

（续表）

建　议	建议程度	确定性	重要说明	理　由
应该向具有不健康的、破坏性、对抗性行为的青少年提供指征性身心干预。这些干预措施可以减少不健康的、攻击性、破坏性和对抗性行为，预防体质健康问题、心理疾病（抑郁和焦虑），促进积极的身心健康。应谨慎实施干预措施（包括体育干预），避免具有破坏性和对抗性行为的青少年增加对药物使用的依赖性	有条件的	极低	根据现有证据，对有行为及心理障碍风险或被诊断患有行为或心理障碍的青少年的有效干预措施通常包括：基于社会教育层面的父母培训，以及青少年的社会、认知、问题解决和人际交往、运动技能培训。干预措施还可以包括基于社会学习模式的针对青少年及其父母的多模式（包括体育、体医、体卫融合）干预	部分青少年身心健康受到其父母影响，然而此类父母可能经历了一些造成身心健康问题的事件

首先，政策颁布方面。“双减”无疑是自2021年来关键热词之一。针对当前青少年近视率高、身体素质普遍较差、课后作业繁重、体育锻炼较少等问题，2021年7月，中共中央办公厅、国务院办公厅《关于进一步减轻义务教育阶段学生作业负担和校外培训负担的意见》发布。力度空前的“双减”政策在全国义务教育学校落地，给孩子们的学习和生活带来了变化，体育成为充分利用好“多出来的时间”的主流选择之一，青少年体育事业迎来新的发展契机。什么样的人能做课外体育培训的执教人员？青少年体育俱乐部等开展课外体育培训应该具备什么样的场地条件？课外体育培训有哪些安全要求？国家体育总局办公厅2021年12月印发了《课外体育培训行为规范》做出了明确规定与要求。

其次，各省市对政策执行方面。继云南省率先把体育中考分值提高到100分后，各地纷纷出台相关政策提高中考体育分值。北京市在2021年12月公布了新版义务教育体育与健康考核评价方案，将体育分数从40分增加到70分，并提出“增分不增负担”，把更多分值放到日常的体育课。2021年7月，教育部颁发《体育与健康教学改革的指导纲要》，提出要保证每节体育课质量。这些政策对推动青少年身体健康起到非常好的政策保障作用。在2021年东京奥运会女子10米气步枪比赛中，中国“00后”选手、清华学子杨倩夺冠，为中国代表团拿下本届奥运会首金。杨倩能拿下首金，一方面源于其自身过硬的实力、赛时稳定的发挥，另一方面也与清华大学多年来“体教融合、学训结合、以学促训”的育人理念相关。20多年来，清华大学射击队探索出了一条“与国家射运中心相融共建、与省市队合力发展、与附中一条龙培养”的共建双赢、体教融合育人模式。低龄学生放学“无人接管”曾困扰不少职工家长，被人们称之为“三点半”难题。教育部在今年印发通知，推广部分地方义务教育课后服务有关创新举措和典型经验，推动课后服务全覆盖，并要求结束时间原则上不早于当地普遍的正常下班时间后半小时。丰富多彩的体育大课堂和社团活动等，有效减轻了家长不到下班点接娃这一“急难愁盼”问题。

总之，体教融合工作推动了一大批高水平体育教练员和退役运动员进入校园带教带训，让普通学生也能接受专业的体育训练。比如，辽宁全省大中小学校目前聘请了超过1760名职业教练员和优秀运动员，有效解决了体育教师专项技能不强不精的问题。2020年，共有386名退役运动员进入天津各类学校从事体育教学工作。山东省在全省大中小学增设体育教练员专业技术岗位，明确岗位职责和任职条件，推动优秀运动员退役后进入学校教学。协同推进体育设施共建共享，是体教融合的有力推手。上海在此方面措施得力，已经全面实施大中小学室外体育场所课后、周末和暑期向社区免费开放，基本实现了应开尽开。所有公共体育场馆也实现向青少年免费或低收费开放。福建全省公共体育设施已经全部免费或低收费向青少年开放，并正在推动学校体育设施开放。赛事体系融合，是体教融合的关键所在，亦是难点所在。目前，一些地方也在这方面做出了富有成效的努力。教育部体育卫生与艺术教育司司长王登峰表示，2023年将要举办的中国第一届学生（青年）运动会，将是赛事上体教融合的一个集大成。他说：“2023年的运动会上，不仅是足球项目，所有赛会项目都要实现这样的深度融合。”云南大学出台“最严体育校规”引起巨大关注，从2021年秋季入学的大一新生开始，若哪个学年体质测试不及格，将拿不到毕业证。这一体育新规不仅课时增加，每学期体育课考核内容也更为综合，允许多次补考，因病或残疾学生有绿色通道。云南大学表示，新规并非首创，而是在严格执行教育部规定。该校下决心和力气推动体测不及格不发毕业证，就是想发挥考试的正向指挥棒作用，让大学生们真正动起来，通过锻炼造就健康体魄。

第二，应急系统对应的体育干预模式主要以体医融合为主，“体医融合”侧重于以运动治疗疾病。具有3个特征：方法融合的全程化、资源融合的多样化、组织管理的协同化。“十四五”国民健康规划指出，落实国民体质监测制度，推动国民体质监测站点与医疗卫生机构合作，在有条件的社区医疗卫生机构设立科学健身门诊。针对特殊人群开展体育健身指导，加强非医疗健康干预，建立完善运动处方库，推进处方应用。保障学校体育课和课外锻炼时间。以技术创新丰富体医融合健康服务内容，优化体医融合资金投入和资源配置方式，加强信息联结和共享，建立多样灵活的体医融合人力资源配置方式，提升公共体育与健康服务均等化水平。近年来，随着“健康中国”战略、全民健身战略的实施，运动促进健康理念逐步深入人心，体医融合开始在疾病的预防、治疗、康复等环节中得到应用（图6－2、图6－3）。疾病预防阶段，上海、浙江、江苏等地在宣传科学锻炼与健康饮食的基础上，积极推广国民体质监测，加强糖尿病、青少年脊柱侧弯等疾病的前期筛查，积极推动健康关口前移。疾病治疗阶段，四川、江苏、上海等地在骨与关节炎症治疗以及糖尿病、肥胖、血脂异常等代谢性疾病治疗中采用了运动处方，取得了显著效果。疾病康复阶段，体医融合主要是应用在一般骨科疾病的术后康复、运动康复以及一些特定人群的身体功能与精神恢复中。例如，北京市康复医院引入运动再学习、平衡与姿态训练、悬吊训练等运动疗法；云南省第五强戒所的“体医融合·智慧运动戒毒康复训练系统”获得实践应用。

不同类型的融合方式，让体医融合在医疗卫生服务中的应用呈现出全程化的应用场景，为探索更加丰富的全民健康促进方式奠定了重要基础。体医融合在资源方面以人才、资金、设施为基础，探索了多样化融合方式（图6－2、图6－3）。人才方面，目前较为普遍的做法是开展“体医交叉培训”，通过对相关科室的专科医生、全科医生、家庭医生等培训，培养一批会开运动处方的医生；通过对健身指导员、社会体育指导员等体育人才进行医疗知识培训，培养一批合格的慢性病体育指导员，以保证运动处方的有效实施。资金方面，部分地区开始试点将相关体育疗法列入医保收费目录。例如，北京于2019年率先试点将运动处方纳入医保收费目录，湖南于2020年将健康体适能与运动管理纳入医保收费目录。同时，江苏、内蒙古等地也开始利用体彩基金支持医疗机构开展体医融合服务。设施方面，整合升级体育与医疗卫生系统基础设施、提供新的健康服务正在成为新的发展趋势。例如，上海在整合城市社区卫生服务和体质监测资源的基础上，以街镇为单位建设了以智能化设备为主导的智慧健康驿站。

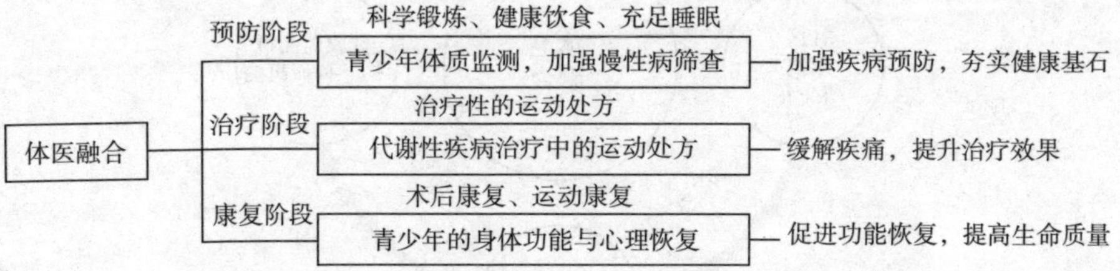

图6－2　应急系统——体医融合模式示意图

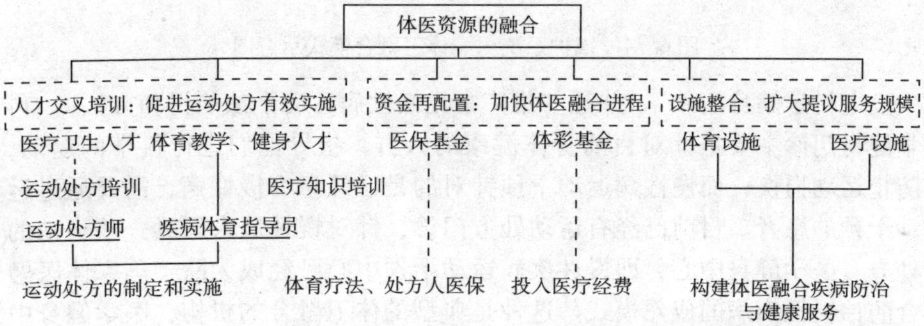

图6－3　体医资源融合示意图

第三，维护系统对应的体育干预模式主要为体卫融合的模式（图6－4），“体卫融合”融入了通过运动预防疾病的概念。近年，包含60多个项目的“全民健身线上运动会”受到各地群众广泛欢迎，折射出广大群众对健康体魄的追求、对美好生活的向往。20年来的国民体质监测结果显示，我国青少年的生长发育水平持续提高，国民体质水平总体向好。但也要看到，慢性病患者的基数仍有扩大趋势，全面提升国民体质仍面临诸多挑战。随着生产力和生活水平的提升，全民健身在维护人类健康中的作用愈加重要。从全球范围看，推动健康关口前移、重心下移，重视非医疗健康干预尤其是体卫融合，被视为各国健康促进的成功经验。卫计委、其他每个重要部门和整个政府在青少年健康方面的领导作用是使规划工作获得成功的一个基本条件。

《全民健身计划（2021—2025）》指出，要“支持在社区医疗卫生机构

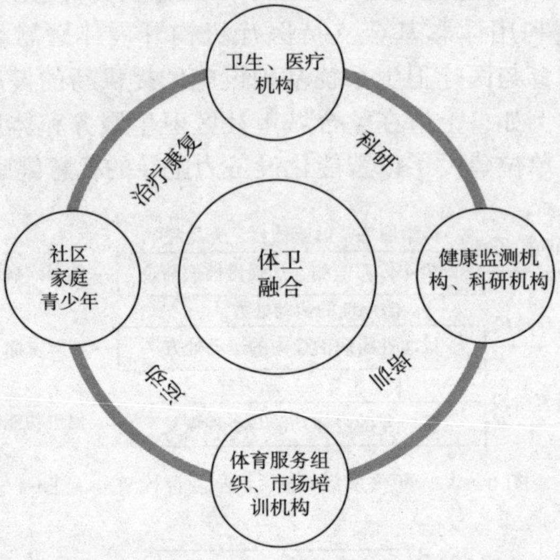

图 6-4　维护系统——体卫融合模式示意图

中设立科学健身门诊”，并且“推广常见慢性病运动干预项目和方法”。科学健身门诊主要是针对目前身体健康的人群，指导他们进行科学的运动，防止运动损伤；而慢性病运动干预针对的是已经患有慢性病，需要通过运动干预的患者。目前已经有运动处方门诊，针对慢性病人开具一些运动的处方。医学健身中心，即慢性疾病运动干预中心已经成为欧美国家体医融合防治慢性疾病的成熟模式。这种是典型的体卫融合的机构，医学健身中心主要针对多种不同慢性疾病患者，基于患者医疗信息制定运动处方，对运动处方实施过程进行医务监督，并将运动干预效果反馈给医疗机构的健身中心，提供多种基于运动的健康促进和康复计划。慢性病人通过运动可以使病情得到明显的缓解，有些甚至可以逆转到正常状态。即使是得了非常严重的病，例如心肌梗死，仅靠医学手段，如心脏搭桥或溶栓，减少二次心梗的概率大概是17%~21%，如果加上了科学运动，可以使得二次心梗的风险下降40%以上。很多慢性病患者都是需要运动的，比如说阿尔茨海默病这些精神疾病，目前没有特别有效的医疗手段，如果坚持运动的话，患者的病情会有所缓解，目前流行一种说法——运动改造大脑。目前的融合还处于起步阶段，主要在国家政策层面和有少数人开始行动的这个层面。在欧美医学健身中心的主要工作人员是经过系统培训、获得专业认证和学历教育的健康/健身专业人员。为推动我国运动处方师的培训和认证工作，中国体育科学学会运动医疗分会与美国运动医学会合作引进了美国运动医学学会的 EP 培训和认证体系。世界卫生组织把缺乏运动列为威胁人类健康的第四大因素，“运动是良医”理念越来越得到全社会认同。深化体卫融合，既可发挥体育锻炼在预防疾病方面的多效用、低成本优势，又能激发大众参与运动健身的主动性。令人欣喜的是，目前一些地方已经开始积极探索。从制订实施运动促进健康行动计划，建立体卫融合重点实验室，到推动国民体质监测站点与医疗卫生机构合作，推广常见慢性病运动干预项目和方法。这些举措有力助推“主动、前端的健康干预”，让体卫两个系统的资源形成“1+1>2”的效果。身体健康是每个人成长和幸福生活的基础。进一步深化体卫融合，推动从注重“治已病”向“治未病”转变，培育“人人主动锻炼”的社会氛围，将为新时代浇灌更绚丽的“健康之花”。

为了实现全民健康覆盖，卫生系统需要在各方面的工作中把关注青少年的特定需求作为一种规范，并在卫计委指定一名青少年健康联系人。为了处理更广泛的健康问题决定因素，需要政府最高层对青少年问题的有力领导，以便要求政府不同部门之间开展协作，并与社区、社会、青少年个人和市场经济组织密切合作。可考虑设立国家级机制或使用现有平台，监督和协调各部门和政府各部委在青少年健康和福祉方面做出努力。

三、青少年身心健康促进的体育干预评价

以健康中国 2030 已经向学校体育提出的非常明确的五把钢尺为鉴。这五把钢尺就是评价新时代学校体育工作的标准：第一，要基本实现青少年熟练掌握一项以上运动技能；第二，学生体质健康标准的达标优秀率达到 25%；第三，要确保每天在校锻炼一小时，现在北京市提出了还要加上课外锻炼一小时；第四，中小学生每周中等负荷以上的练习要达到三次以上；第五，中小学的体育场地 100% 达标。虽然青少年身心健康促进的体育干预评价不能尽然，但是针对可评价与评估的部分，建立在干预主体、干预内容、干预模式基础之上。

医学领域常用的过程评价的理论框架主要有 3 个：（1）RE-AIM 评价框架通过对目标人群覆盖情况、干预活动效果、机构参与情况、干预要素实施情况、项目长期维持情况等 5 个维度，个体和机构两个水平的分析，明确干预实施过程中的优势和不足，涵盖了过程、结果和效果评价 3 个关键要素，是较为全面的项目评价模型。（2）2005 年发表的对健康促进项目的实施过程进行评价的指南详细阐述了过程评价的 6 个维度，包括项目总体完成情况、干预要素的执行情况、干预措施的接受度、目标人群参与干预措施的程度、招募情况以及背景（包括培训情况、组织实施过程、项目

实施的促进因素、阻碍因素等)。(3)2015 年发表于 BMJ 的 MRC 指南详细阐述了过程评价的实施和报告框架，包括背景、培训、干预措施的实施、执行程度、适用性、接受程度以及作用机制(包括干预对象与干预措施的互动过程、作用中介以及是否有一些预期外的作用路径等)。这 3 个理论框架的有些维度是重合的，但又有一些维度相互补充，因此也可根据研究项目的具体情况将不同框架的维度结合使用。过程评价方法一般包括了定性和定量研究方法，随着近年混合研究方法的发展，一些过程评价也开始使用混合方法这一概念，即将定性和定量方法的数据和结果有机整合，来全面回答过程评价的问题。对于学校体育干预促进青少年身心健康的效果评价，采用我国学者(司琦、金秋艳，2018)构建的青少年体育健康促进干预项目评价指标体系(表6-2)作为青少年身心健康体育干预的评价指标体系的一部分。

表6-2 青少年身心健康促进的学校体育干预评价指标体系

一级指标	二级指标	三级指标
A 可及性	A1 参与学生的数量与比例 A2 参与学生的代表性	A11 参与学生的数量 A12 参与学生的比例 A21 人口统计学特征 A22 体育健康状况
B 有效性	B1 学生身体活动促进 B2 学生体质健康提升 B3 学生运动技能能力增强 B4 学生心理效益提升 B5 学生满意度	B11 持续时间 B12 频率 B13 强度 B14 形式 B21 身体形态 B22 身体机能 B23 身体素质 B31 学段水平目标达标 B41 主观体验 B42 情绪活力 B43 身体价值 B44 人际感知 B45 困境应对 B51 对干预效果的评价 B52 对项目理解、执行难易度的评价 B53 执行干预的舒适度

（续表）

一级指标	二级指标	三级指标
C 采纳性	C1 组织层面采纳的数量与比例 C2 组织层面采纳的代表性	C11 采纳学校的数量 C12 采纳学校的比例 C13 采纳教师的数量 C14 采纳教师的比例 C21 采纳学校的代表性 C22 采纳教师的代表性
D 应用性	D1 学校对干预项目各要素的保真度 D2 教师对干预项目各要素的保真度 D3 学生对干预项目各要素的保真度	D11 实施干预项目的师资队伍建设 D12 满足项目实施的资金保障 D13 学校体育场馆设施、《标准》测试所用的场地及器材达标 D14 体育必修课程学时数及课外活动时间的保障 D15 宣传工作的开展 D21 应用干预项目的每一项内容 D22 对干预项目的每项内容应用准确 D31 执行干预项目的每一项内容 D32 对干预项目的每项内容执行准确
E 持续性	E1 个体层面的长期影响 E2 组织层面继续采用的情况	E11 干预项目研究结束后对学生的持续影响 E21 学校继续采用此种干预的情况 E22 教师继续采用此种干预的情况

基于 RE-AIM 框架，在一级指标可及性（Reach）、有效性（Efficacy）、采纳性（Adoption）、应用性（Implementation）和持续性（Maintenance）基础上，构建二级指标与三级指标。对家庭、社区体育干预的指标构建如下（表 6-3）。

表6-3 青少年身心健康促进的家庭-社区体育干预评价指标体系

一级指标	二级指标	三级指标
A 可及性	A1 参与家庭的数量与比例 A2 参与家庭的代表性	A11 参与家庭的数量 A12 参与家庭的比例 A21 人口统计学特征 A22 体育健康状况
B 有效性	B1 青少年家庭身体活动促进 B2 青少年家庭体质健康提升 B3 青少年家庭运动技能能力增强 B4 青少年家庭心理效益提升 B5 青少年满意度	B11 持续时间 B12 频率 B13 强度 B14 形式 B21 身体形态 B22 身体机能 B23 身体素质 B31 运动水平目标达标 B41 主观体验 B42 情绪活力 B43 身体价值 B44 人际感知 B45 困境应对 B51 对干预效果的评价 B52 对项目理解、执行难易度的评价 B53 执行干预的舒适度
C 采纳性	C1 组织层面采纳的数量与比例 C2 组织层面采纳的代表性	C11 采纳社区的数量 C12 采纳社区的比例 C13 采纳社区的数量 C14 采纳青少年家庭的比例 C21 采纳青少年家庭的代表性
D 应用性	D1 社区对干预项目各要素的保真度 D2 青少年家庭对干预项目各要素的保真度 D3 青少年对干预项目各要素的保真度	D11 实施干预项目的医疗体育队伍建设 D12 满足项目实施的资金保障 D13 区域体育场馆设施、《标准》测试所用的场地及器材达标 D14 宣传工作的开展 D21 应用干预项目的每一项内容 D22 对干预项目的每项内容应用准确 D31 执行干预项目的每一项内容 D32 对干预项目的每项内容执行准确

（续表）

一级指标	二级指标	三级指标
E 持续性	E1 个体层面的长期影响 E2 组织层面继续采用的情况	E11 干预项目研究结束后对青少年的持续影响 E21 社区继续采用此种干预的情况 E22 青少年家庭继续采用此种干预的情况

市场性课外体育培训，是指以传授和提升某种体育技能为目的，面向7～18岁儿童青少年开展的课外体育指导、培养和训练活动的评价。如青少年体育俱乐部、体育培训机构、体育运动学校、学校体育社团等的评价则以《课外体育培训行为规范》内容为基准（表6－4），除前期审核外，仍需要进一步开展评价考核。由于校外培训作为干预手段之一，在形式上与校内相比虽干预时间场地主体并不尽相同，但目的相似，因此针对青少年身心健康促进的课外体育培训干预评价指标构建如下（表6－5）。

表6－4　课外体育培训行为规范

一级	二级	三级
场地设施	1. 安全、质检、消防、卫生、环保等标准； 2. 体育器材应符合国家相关产品标准； 3. 体育场地应符合国家规定的开放条件与技术要求； 4. 相关体育设施符合国家标准	1. 课外体育培训，棋牌类体育项目每班次培训的人均培训面积不小于3m²，其他体育项目每班次培训的人均培训面积不小于5m²（人均培训面积＝培训场地总面积/同一时间场上学员人数，其中培训场地总面积指用于培训的场地面积，不包括配套服务场所面积）； 2. 中小学校在完成教学计划后，应因地制宜将体育场地设施向儿童青少年开放，可组织学校体育社团或遴选符合条件的青少年体育俱乐部、体育培训机构等为学生提供课外体育培训服务； 3. 使用室内场地的课外体育培训主体应定期对场地进行通风换气，保持室内空气清新、无异味

（续表）

一级	二级	三级
课程	1. 课外体育培训的课程应与培训对象的年龄、身体状况、运动能力等相匹配； 2. 采取必要措施防止运动伤害； 3. 课外体育培训主体应配备与自身规模适应数量的执教人员； 4. 中小学校体育教师、专兼职教练员主观能动性	1. 课程体系和内容的科学性、完整性； 2. 学员与执教人员配比； 3. 每班次培训的学员人数不超过35人，超过10名学员的培训应至少配有2名执教人员； 4. 自主开发具有本校特色的课外体育培训内容，满足学生多样化需求； 5. 可通过采购服务等方式引入校外专业人员补充师资力量
从业人员	1. 课外体育培训主体的执教人员应持有一种认证证书； 2. 可聘请持技术等级证书的社会体育指导员开展体育志愿服务； 3. 课外体育培训主体应公示执教人员的姓名、照片、资质证书编号等信息； 4. 课外体育培训主体应对拟录用的从业人员进行背景审查； 5. 课外体育培训主体应定期组织教练员参加体育部门组织举办的各级各类教练员继续教育培训	1. 体育教练员职称证书； 2. 社会体育指导员职业资格证书； 3. 全国性单项体育协会颁发的体育技能等级证书； 4. 体育教师资格证书； 5. 经人力资源和社会保障部确定的人才评价机构颁发的体育职业技能等级证书； 6. 经省级（含）以上体育行政部门认可的相关证书； 7. 开展高危体育项目的课外体育培训，从业人员必须具备国家规定的职业资格； 8. 聘用外籍执教人员的，应符合相关法律规定并做好外籍执教人员持有资质证书的认证工作；课外体育培训主体应保证上述各类资质证书在有效期内； 9. 其他服务人员应统一佩戴工牌，包含照片和人员基本信息； 10. 受到剥夺政治权利或者故意犯罪受到有期徒刑以上刑事处罚的人员不得录用； 11. 课外体育培训主体应每季度至少组织一次在职执教人员内部培训，培训时长年度累计不少于90个学时（45分钟计1学时）

（续表）

一级	二级	三级
管理	1. 课外体育培训主体应按相关政策规定建立财务管理、账户管理、收退费管理等方面管理制度，规范运行； 2. 课外体育培训主体应将收费标准在醒目位置公示； 3. 课外体育培训主体应实事求是制定和发布招生信息，认真履行服务承诺，杜绝培训内容和质量名不符实，不断提高培训质量，努力提升培训对象满意度； 4. 课外体育培训主体禁止向参加体育培训人员出售含有酒精的饮料； 5. 体育教师、教练员承担课余训练、课外体育活动、指导参赛等计入工作量，在绩效工资中实施分配	1. 课外体育培训主体单次向学员收取课程费用的时间跨度不超过3个月； 2. 推荐使用《中小学生校外培训服务合同（示范文本）》； 3. 对于培训对象未完成的培训课程，有关退费事宜应严格按照双方合同约定以及相关法律规定办理； 4. 不得以欺骗、威胁等手段强迫培训对象接受培训； 5. 严禁以任何形式暗示、教唆、帮助参加培训人员获取和使用兴奋剂
安全	1. 安全制度、安全注意事项和特殊要求、平面示意图及疏散通道指示图等悬挂在明显位置； 2. 课外体育培训主体应在开展培训的室内、室外场所设置视频图像采集装置； 3. 课外体育培训主体应配备常规医疗急救药品及设备，包括消毒包扎药物材料等； 4. 公共用品、器材应选择合适的方式进行常态化清洁、消毒，保证消毒效果； 5. 课外体育培训主体应配备不少于1名专（兼）职安保人员，应掌握治安、消防等知识和相关法律法规，熟练使用通信、治安和消防器材； 6. 鼓励课外体育培训主体购买经营场所责任险	1. 课外体育培训主体同一时间开展两项及以上体育项目，各体育项目培训区域之间应设置连续性隔离带； 2. 首节培训课应包括安全教育内容； 3. 课外体育培训主体应制定意外突发状况处置程序（如地震、火灾、学员严重受伤等），并每年至少组织一次演练； 4. 采集和回放视频图像能清晰辨认人员体貌特征； 5. 鼓励配备自动体外除颤仪（AED）； 6. 课外体育培训主体应根据自身规模配备不少于1名经过培训并获得急救证书的人员； 7. 应对防疫部门处置措施予以配合； 8. 鼓励课外体育培训主体为参加高危项目培训的人员购买专门保险

表6－5　青少年身心健康促进的课外体育培训干预评价指标体系

一级指标	二级指标	三级指标
A 可及性	A1 参与干预青少年的数量与比例 A2 参与干预青少年的代表性	A11 参与干预青少年的数量 A12 参与青少年的比例 A21 人口统计学特征 A22 体育健康状况
B 有效性	B1 青少年身体活动促进 B2 青少年体质健康提升 B3 青少年运动技能能力增强 B4 青少年心理效益提升 B5 青少年及家长满意度	B11 持续时间 B12 频率 B13 强度 B14 形式 B21 身体形态 B22 身体机能 B23 身体素质 B31 学段水平目标达标 B41 主观体验 B42 情绪活力 B43 身体价值 B44 人际感知 B45 困境应对 B51 对干预效果的评价 B52 对项目理解、执行难易度的评价 B53 执行干预的舒适度
C 采纳性	C1 采纳的数量与比例 C2 采纳的代表性	C11 采纳青少年的数量 C12 采纳青少年的比例 C21 采纳青少年的代表性
D 应用性	D1 培训机构对干预项目各要素的保真度 D2 执教人员对干预项目各要素的保真度 D3 青少年对干预项目各要素的保真度	D11 实施干预项目的师资队伍建设 D12 满足项目实施的资金保障 D13 体育场地场馆设施、《标准》测试所用的场地及器材达标 D14 课程时间的保障 D21 应用干预项目的每一项内容 D22 对干预项目的每项内容应用准确 D31 执行干预项目的每一项内容 D32 对干预项目的每项内容执行准确

（续表）

一级指标	二级指标	三级指标
E 持续性	E1 个体层面的长期影响 E2 机构层面继续采用的情况	E11 干预项目研究结束后对青少年的持续影响 E21 培训机构继续采用此种干预的情况 E22 执教人员继续采用此种干预的情况

四、青少年身心健康促进的体育干预组织架构

青少年体育干预组织机构是青少年身心健康促进项目实施的主要管理者和执行者之一。我国青少年体质健康促进的体育干预组织架构是指青少年身心健康促进的体育干预组织的整体结构，是在管理要求、管理定位、管理模式及业务特征等多因素影响下，在组织内部组织资源、搭建流程、开展业务、落实管理的基本要素。组织架构包括工作任务的分工、分组和协调合作，反映组织中各个要素之间位置顺序、聚集状态、联络形式以及相互之间关系。它是组织的基本要素，是组织机制发挥作用的基础，是保证组织目标的实现面对组织要素进行的策划和安排。专职机构的权力既包括其自身的职能权力又包括政策赋予其的权力。我国青少年身心健康促进的体育干预组织架构是以省域为主体，通过责任书的形式逐级推进的模式。党中央和国务院以及其他国家层面的机构通过政策的形式向省级部门下达任务，有省级部门作为实施主体，形成了特色鲜明的省域身心健康促进特点。由于我国幅员辽阔、地域特色鲜明，

以特定的省级行政区划为地理空间，以省级政权为调控主体，以均衡发展为导向配置资源，是具有鲜明地域特色和功能完备的区域青少年体质健康促进过程。以省级为单位与国家青少年身心健康促进战略并没有实质性的差异，主要的区别在于空间尺度、实施主体、工作重点、目标进程的差异。从空间尺度上，省级和国家有着明显的空间尺度差异，由于我国国土空间多样，在自然空间和社会空间的交互作用下，区域差异与非均衡性十分突出。从实施主体上，省级政府能够充分发挥中央调控职能。从工作重点上，省级政府可以根据省域内的社会空间和自然空间特征以及青少年身心健康状况，有针对性地（有的省份近视高发、有的省份肥胖率高、有的省份脊柱侧弯比例高）展开青少年身心健康促进的体育干预工作。从目标进程上看，在特定时空范围内，青少年身心健康促进的目标应是有限

的、可行的，相比于建设之前有适度提高和进步，不同区域由于发展的起点和基础不同，青少年身心健康促进的目标有高有低，建设进程也有快有慢。

青少年身心健康促进的体育干预组织架构如图6－5所示，青少年体质健康促进的体育干预组织机构可分为三个层级。第一层级是国家层面，党中央和国务院制定青少年身心健康促进宏观的战略方针，以教育部为主体，联合国家体育总局、国家卫健委、国家心理健康和精神卫生防治中心、共青团中央、财务部、国家新闻出版总署、市场监督管理局、国家新闻出版广电总局等单位联合制定青少年身心健康促进的政策。第二层级是省级层面，国家层面颁发青少年身心健康促进的相关政策后与各级政府签订体质健康促进具体的责任书，由省级政府在签订责任书后联合省级人大常委会，在国家级体质健康、心理健康促进政策的基础上，结合本身自然空间、社会空间以及青少年身心健康状况有针对性地制定省级层面的体质

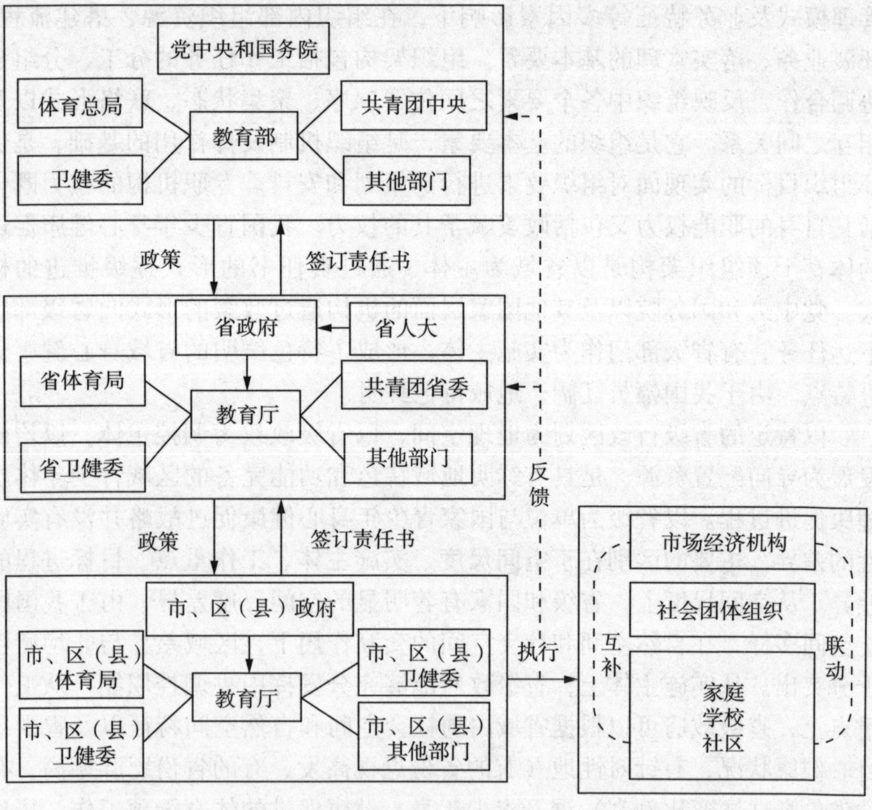

图6－5　青少年身心健康促进的体育干预组织架构

健康、心理健康促进政策，并组织以省级教育部门为主体，联合省体育局、省卫健委、共青团省委、省财政厅等省级部门作为青少年身心健康促进的体育干预省级组织机构。例如，2019年云南省教育厅在《关于进一步深化高中阶段学校考试招生制度改革的实施意见》中明确提出中学体育与语文、数学、英语并列，分值均为100分。广东省遵循“健康第一”的发展理念，逐步形成学校、社区、家庭三位一体、体教共享共建的青少年体育发展模式，中考体育分值由60分调整为70分。此外，四川省、湖北省、江西省都在省级政策和教育部门的支持下上调中考体育分值。第三层级是市、县（区）级层面，由省级部门与市、县（区）级部门签订责任书，市、县（区）级部门传达并执行省级部门的青少年身心健康促进政策，市、县（区）级部门以小、中、大学为青少年身心健康促进的实施主体（学校是封闭空间，是政策执行力最高的空间区域），以学校为中心向家庭、社区辐射，并借助社会团体组织（以体育教师、康复医师、心理师、营养师、健身教练等为主体的专业社会组织）和市场经济组织（以体育企业、培训机构、医疗保健机构等为主体的青少年体质健康促进相关的企业）实现青少年体质健康促进的学校、家庭、社区的空间衔接机制。

五、青少年身心健康促进的体育干预机制构建

党的二十大明确提出“加强青少年体育工作”“促进群众体育和竞技体育全面发展，加快建设体育强国”的新要求。体育高质量发展是建设体育强国的首要任务，群众体育是体育强国建设的根基，关乎国民健康和人民群众对幸福美好生活的追求；竞技体育是体育强国建设的支撑，关乎综合国力的展现和民族精神的凝聚；推进群众体育和经济体育全面发展，是对群众体育和竞技体育协调发展的超越，是实现二者更高水平、更有效率、更具活力的全方位发展的关键所在。体育要更加全面深入地融入国家的经济建设、政治建设、社会建设、文化建设、人的全面发展中，更加充分发挥在建设健康中国、全面建成小康社会和实现中华民族伟大复兴中国梦中的独特作用，其动能仍然来自体育改革创新。党的十九届四中全会进一步提出，“健全社会心理服务体系和危机干预机制，完善社会矛盾纠纷多元预防调处化解综合机制”。加强社会心理服务体系建设和心理危机干预，培育民众形成良好社会心态，是推进新时代社会治理创新的题中之义。快节奏的生活、激烈的竞争以及不安全不稳定状况等各种社会心理应激因素影响着现代人的精神健康。现代人的心理健康问题凸显，心理危机事件不断增多，民众对社会心理危机干预的需求增多与心理危机干预机制

不健全之间的矛盾凸显，在一定程度上影响了社会的稳定和发展。青少年作为社会协同系统的序参量及子系统，其身心健康发展状态至关重要。因此，构建新时代背景下青少年身心健康干预机制（图6-6）具有重要的理论意义和实践价值，对于减少突发公共卫生事件给民众带来的心理影响、减轻个体心理应激反应、提高民众身心健康素质和国家社会治理能力、构建人类文明新形态等具有重要现实意义。

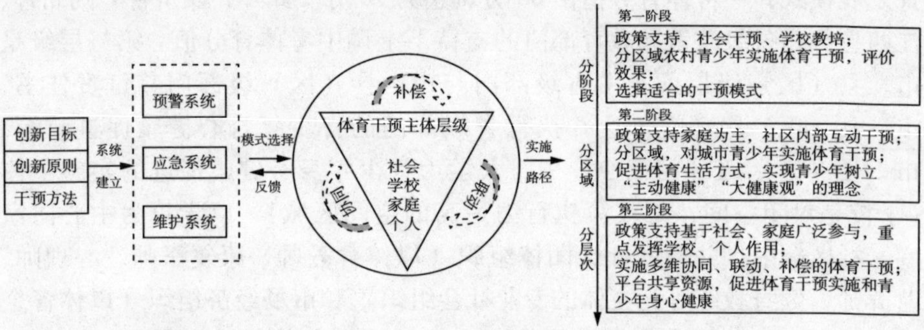

图6-6　新时期青少年身心健康促进的体育干预机制示意图

依据干预对象的范围和问题发生比例大小，研究认为，青少年身心健康促进的体育干预机制在横向上可以分为五级，包括：筛查-预警机制、分析-研判机制，促进-疏导机制、应急-处理机制、宣传-维护机制（表6-6）。这些干预机制相辅相成、同等重要。该机制遵循预防为主、防治结合、重点干预、有效应对、宣传维护的基本原则，努力做到预防为主、防治结合、有效干预。机制需明确干预谁（对象及状态）、谁干预（干预者）、为何干预（干预目标）、严重性如何（紧急度）、如何干预（方式方法）、干预成效（干预效果）等。干预机制以干预对象的状态为出发点，以身心健康评估为手段，注重合力作用，将过程和效果相结合。该机制一般按一至五级顺序实施，但根据青少年的身心健康状态及问题严重程度可弹性调整，即干预一般从预防开始，但不限于预防，必要时可从预警或控制甚至应对开始灵活实施，以达到及时干预、有效干预的效果。纵向则从体育干预主体出发，包括家庭、学校、社区、市场（机构）、国家。如此一来，青少年身心健康促进的体育干预形成了比较完善的纵横交错的干预机制。新时代背景下青少年身心健康的体育干预机制，应包括危机预警机制、风险研判机制、应急处置机制、心理疏导机制以及舆情应对机制。要从多学科交叉融合的视角，利用互联网大数据等现代化手段，提出切实可行的干预机制，夯实现代化进程中促进青少年身心健康的基石。

表6－6 青少年身心健康促进的体育干预机制

机 制	基本含义	基本任务	干预目标
筛查-预警 分析-研判 促进-疏导 应急-处理 宣传-维护	身心健康筛查； 分析青少年身心健康状态的问题； 分阶段、区域、层次疏导并干预； 应急预案的紧急处理和策略； 树立“健康第一责任人”理念	在萌芽阶段解决身心健康问题； 甄别风险级别和类别各层级联动干预； 全面提升干预能力，维护青少年身心健康和谐发展	提高健康素养，保持身心健康； 设定具体的体育干预目标和计划； 整合资源身心健康促进； 度过心理危机阶段，提升身心健康； 从理念干预至健康促进

构建问题预警机制。习近平总书记在2021年3月17日召开的中央政治局会议中指出：“完善多渠道监测预警机制，全面提升监测预警和应急反应能力。”新时代背景下建设健康中国需要构建青少年身心健康的预警机制，一是全方位开展身心健康教育。采用线上线下相结合、青少年感兴趣的形式，向青少年开展身心健康知识教育，普及身心健康问题干预知识，帮助青少年掌握一定的身心健康促进的技能和知识，提高青少年的身心健康意识、问题意识、应对身心健康问题的能力以及身心免疫力，形成身心健康问题干预的主动意识，让青少年在面对学习、生活、突发事件时能够从身体、心理、社会和环境方面寻求解决问题的策略。二是多渠道开展心身心健康筛查。依托大数据、人工智能、云计算等信息化手段和身心健康测评工具，实时精准开展青少年身心健康筛查，完善多渠道监测预警，强化对青少年的身心健康管理，分级分类化解高危青少年群体。以应激事件、人格特质、身心健康、体质健康、社会情绪、病史家族史等为基础，构建身心健康预警系统，通过分析不同指标的强度和阈值来预测个体身心健康问题的发生风险和发展趋势，建立重点青少年的信息数据库，对存在一定身心健康风险的青少年群体进行追踪，及时预警出可能存在身心健康问题的人群。三是全过程抓好身心健康问题源头预防。加强对社会各级青少年人群、留守儿童等特殊弱势群体的身心健康服务，把基层社会健康服务有机渗透到日常、矛盾纠纷化解、人员管理等工作中，加强对青少年的健康促进、心理疏导，从而预防和减少极端心理危机事件以及严重健康问题的发生。

构建风险研判机制。风险研判机制是对身心健康问题是否发生以及严重程度的重要评估，贯穿青少年身心健康促进的体育干预的全过程。根据青少年身心健康问题的严重程度、出现频率以及持续时间及时评估青少年人群的身心健康状况，并结合其认知、情绪、行为以及社会功能是否完整等形成整体研判。在此基础上，识别出危机关注、重点关注和日常关注青少年人群，开展特定青少年群体身心健康问题需求评估，确定接受体育干预的青少年；进一步研判随着时间变化青少年的身心健康问题发展趋势，明确青少年身心健康问题的风险级别和类别，设定具体的体育干预目标和计划。

构建青少年健康促进和心理疏导机制。在新时代竞争激烈、学习生活节奏加快的背景下，青少年更容易出现各种焦虑、烦躁、紧张、恐惧等不良心理应激反应，以及随之而来的身体健康问题与风险。因此，要建立多层次健康促进和心理疏导机制，及时疏导与缓解各类心理困惑，对容易出现情绪失控、心态失衡、行为失常等重点对象开展心理疏导，帮助青少年通过体育干预宣泄和释放消极情绪，维护身心和谐与身心健康。需在全国范围内设立心理危机干预平台，形成覆盖全社会的心理危机干预网络，构建起国家、省、市、县（区）、乡镇五级青少年心理危机预防与干预体系；构建家庭、学校、社区、体医部门青少年健康促进的相关资源共享平台，向青少年家庭与家长开放共享健康促进的体育、卫生、营养、医疗资源与自主健康指南；促进加快基层社会心理服务中心建设，配备心理辅导室、心理活动室、心理宣泄室、音乐放松室、心理测评工具等基础心理设施，满足不同青少年的多样化心理健康服务需求；建立各级24小时心理危机干预热线，实现社会心理危机干预热线的全覆盖，有针对性地开展心理疏导和心理危机干预，对高危青少年人群开展心理援助服务。政府应逐步搭建起一个从预防、治疗到康复的全过程心理疏导服务体系，满足社会不同青少年群体的心理需求，提供多样化心理服务，提升心理疏导和心理援助的专业性、及时性和实效性。

构建应急处理机制，应急处理机制是一种基于应急预案的应对青少年身心健康问题的紧急处理机制和策略。一是设立高层次心理危机应急决策机构，协调多部门、多地区开展心理危机应急处置行动。心理危机应急处置机构要负责领导、组织、协调各部门、各地区开展相应的身心健康问题应急处置工作。促进青少年身心健康问题体育干预资源整合，完善多部门、多地区协同联动的心理危机应急处理预案和应急联动的危机干预长效机制。汇聚体育学、社会学、环境学、心理学、公共卫生、公共管理以及思想政治教育等领域的专家，对可能发生的青少年身心健康问题制订科学的体育干预方案，从而为青少年身心健康问题提供精准有效的治理策略。二是完善身心健康问题干预组织协作机制。整合共青团、民政、司法等部门力量，依托医院、高校和研究机构等企事业单位，组建由体育专业人员、精神卫生专业人员、高校心理教师、心理咨询师、社会工作者、志愿者等组成的青少年身心健康问题干预队伍，开展有针对性的身心健康问题的体育干预。加强青少年身心健康问题体育干预队伍建设，对相关基层工作人员开展身心健康促进的体育干预培训，全面提升其身心健康促进的体育干预能力，以帮助青少年解决心理困惑与矛盾，促进身心健康，使其顺利度过心理危机阶段。

构建宣传维护机制。宣传影响和引导青少年及青少年家长的主动健康观念、大健康观念和健康价值取向，要加强体育强国、健康中国背景下青少年身心健康促进的观念引导、交流与反馈。构建青少年健康促进的体育干预中的宣传交流机制，一是政府要主导新闻媒体正确的观念导向，展示政府在对青少年身心健康促进中所表现出来的坚强信心和智慧，帮助青少年及家长形成良好的心态和积极的思想，营造出健康自信、理性平和、积极向上的身心健康文化氛围。将政府的思想理念广泛地宣传到社会中，最大限度地进行社会动员，以实际政策和行动来增强青少年主动健康的信心，促进青少年以饱满的身心健康状态投入新时代的学习生活与建设祖国中。二是建立青少年健康理念、观念的收集、反馈机制，完善青少年及其家长表达与反馈的平台，及时回应青少年及其家长对健康促进、体育干预的关切。及时发布反映青少年身心健康问题恢复与身心健康需要的相关信息，让青少年获得对身心健康促进的体育干预援助的信息。联合相关部门及时获取青少年身心健康促进的最新进展，适时向青少年及其家长公布干预进程和处理措施，提高青少年及其家长的作为健康第一责任人的观念意识，维护青少年身心健康和谐发展。

第七章　青少年身心健康促进的体育干预保障策略

一、加强统筹规划与布局，进一步构建和完善青少年身心健康促进的体育干预机制

2021 年 3 月 13 日，全国人大发布国民经济和社会发展第十四个五年规划和 2035 年远景目标纲领提道：推动健康关口前移，深化体卫融合；以青少年为重点开展国民体质监测和干预；将全民健身场地设施建设列入“全民健康保障工程”。新时代各级各类行政部门包括体育、教育、卫生、医疗等对青少年身心健康促进负有统筹规划与布局的首要责任，要充分发挥主管部门的职责，充分调动各级部门、各利益群体、各社会力量的积极性，促进青少年身心健康促进的体育干预模式、机制建设。第一，各级各类行政部门要认清在促进青少年身心健康发展过程中的职责，肩负起统筹规划的任务，不断完善青少年身心健康促进的相关政策法规制度建设，通过合理的行政方式去推动、调动各相关主体去干预青少年身心健康发展。第二，行政部门要积极主动协调与教育、体育、卫生、医疗、市场等之间的关系，就青少年身心健康促进所遇的关键问题与障碍进行会商，研究制定关于青少年身心健康促进的体育干预发展的方针政策。第三，主管部门要帮助创建各级青少年身心健康促进共享平台，并逐步厘清各类青少年健康促进机构的职责分工以及合作内容，促使青少年身心健康促进工作卓有成效地开展。第四，要加强对青少年身心健康现实问题的专题专项研究，制定科学的干预规划，定期发布“青少年身心健康促进的体育干预效果报告”等文案，促使青少年身心健康促进的体育干预在科学咨询与决策指导下健康发展。

二、加强研究与探索，不断完善青少年身心健康促进的体育干预方法

要加强研究，重点分析当前我国青少年身心健康促进的体育干预面临的瓶颈性、实践性问题，谋求青少年身心健康促进的体育干预发展新思

路。在国家有关法规政策制度的基础上，研究制定解决青少年身心健康促进的体育干预实施过程中有关问题的指导性意见，重点解决青少年课外体育培训的体制机制障碍。根据青少年身心健康促进的体育干预既可以是非营利性质也可以选择营利性质机构。从非营利组织的角度，借鉴西方国家青少年身心健康的有效体育干预方法和国内部分地区已通过研究证实的体育干预的成功经验，与教育、卫生、体育等有关部门联合推出加强青少年身心健康促进的干预指南，重点对校外青少年体育培训机构的申办、组织机构、活动收费、服务规范、师资队伍、能力建设、评估验收等方面制定更加详细、具体可行的管理办法。尤其是对校外青少年体育服务及培训机构的规范化问题，主管部门可以制定更明确的鼓励和规范条例，还可以制作专门的工作手册等。另外，研究探索鼓励各方力量创建青少年体育干预、青少年体育培训机构管理与服务规范、各级示范性青少年身心健康促进的体育干预扶持办法等文案。

三、继续加大对青少年身心健康促进的课外体育培训机构培育与发展的力度，不断改进优化课外体育培训机构的内部治理

“十四五”期间，青少年课外体育培训组织既要作为一项公益性社会组织予以培育扶持，又要发展营利性青少年课外体育培训机构。要通过政府专项经费、体育彩票公益金等经费扶持手段，大力促进青少年课外体育培训组织建设。促进青少年课外体育培训机构的规范化、制度化。还要积极吸引鼓励社会力量投资兴建青少年课外体育培训机构，对于能积极发挥青少年课外体育培训机构功能、创造良好绩效的培训机构，要予以表彰奖励。要通过扶持与发展，不断优化青少年体育培训机构的治理结构，促使青少年体育培训机构成为符合现代法人特征、具有较强发展能力的机构。在优化课外体育培训机构治理结构时，需要科学合理地设置既有权威又有效率的监督机构，建立健全决策、执行和监督“三位一体”的权力配置和制衡机制。通过有效的制度设计，形成组织内部决策人（机构）、执行人（机构）、监督人（机构）的权力相互分立并制衡的有效机制。要借助行业协会的管理、第三方的评估等手段，推动课外体育培训组织形成良好的内部治理结构，最终形成机构内部管理人员责、权、利对等的决策机制、组织机制，充满发展活力的符合现代法人特征的青少年体育培训组织。

四、提高青少年身心健康促进的体育干预水平，加快校外培训机构发展能力建设

目前，针对青少年身心健康促进的体育干预方法仍处于探索阶段，体

育干预实施大多在学校教学过程中由教师实施。然而，关于课外如家庭体育、课后体育、培训机构体育开展过程中的干预鲜有研究。这些体育干预又并非标准意义上的干预，对体育课程和体育教师的依赖性较强，但体育课程内容及体育教师却又无法在具体的体育干预工作方面实施开展，显得无暇顾及过多。学校只是教学单位，无法从真正意义上实施体育干预。同时，市场及工商部门也无法监督青少年课外体育培训机构的体育干预实施情况与效果。因此，必须在“十四五”期间建成青少年课外体育培训机构评价组织进行行业治理。青少年课外体育培训机构评价部门可行使交流、协调、监督、统计、服务等职能，进行行业管理；甚至还可以进一步扩大功能，对培训机构的登记、注销等手续进行初审，或作为中介机构对培训机构进行绩效评估。这种非营利性、非政府性的组织既能减轻政府部门负担，降低管理成本，又能发挥行业组织协会自身在管理方面的功能优势。这种评价组织可以由青少年、家长、体育专家、卫生专家、心理专家、医学专家等组成。在评价组织的介入下，要重点解决青少年体育课外体育培训机构的发展能力问题，发挥评价组织的行业引导、规范与评价功能，促进各培训机构走上正轨、自我发展。

五、“以评促建，以评促改”，进一步推进青少年身心健康促进的体育干预效果评估工作

针对青少年身心健康促进的体育干预效果开展评估，建立一套良好有效的评估、检查、信息反馈制度，已经不仅仅是青少年身心健康促进工作上的需要，更是青少年身心健康自身发展的客观需要，这是建设体育强国、提高青少年身心健康促进工作质量的必然趋势。

首先，要推行独立的第三方评估制度，提高青少年身心健康促进工作及其体育干预评估结果的信度和效度。多元共建的青少年身心健康促进的体育干预评估主要由业务相关部门专家、青少年与其家长进行。现行的青少年体育干预评估机制很难确保评估结果的客观和准确，应积极推行独立的第三方评估制度。第三方评估组织可以通过青少年体育相关管理部门、利益相关者共同约定产生，或者由政府授权特定的组织，通过制定合理的评估指标体系，完善相应的激励制度，建立对评估指标、激励标准的权责监督机制，层层落实促进青少年身心健康促进的体育干预评估机制的制度化。

其次，要建立健全合理有效的内部评估机构。世界各国的实践经验表明，不仅要在评估组织内部建立评估机构，而且必须在立法、审计部门建立一整套的评估实施和监督部门。青少年身心健康促进的体育干预评估机

构的建立需要有一定的专职管理人员作保证，同时要加强组织建设，在组织结构设置上做出必要的调整，以促进青少年体育俱乐部评估机制不断走向制度化。

再次，提高青少年身心健康促进的体育干预效果评估工作的影响力。当前我国对于青少年身心健康促进的效果进行全面、系统的评估工作刚刚起步，人们对于评估工作的意义和作用还缺乏必要的了解。在这种社会背景下，“十四五”期间，针对青少年身心健康促进的体育干预组织或机构的评估工作要进一步加大宣传力度，努力提高社会各界对体育干预效果评估工作的积极性，充分发挥社会舆论及第三方的监督作用，推动青少年体育干预效果评估工作逐渐走向制度化。

六、大力加强青少年身心健康促进的体育干预组织及机构的宣传能力建设，不断提高其社会吸引力

宣传工作是组织发展过程中的一个重要环节和内容。青少年身心健康促进的体育干预组织和机构的发展有赖于社会各界的大力支持，对外宣传的效果如何，直接影响到自身的发展。无论是在组织创立、发展、项目推广、成绩公告等阶段或时刻，还是在危机、困难与问题处理等方面，都需要及时或适时地将信息、消息等向青少年及其家长群体做出合理的公布或解释。对于青少年体育干预这样的组织来说，利用好宣传工具，对于其生存发展具有不可忽视的作用和意义。同时，这种宣传能力是青少年体育干预能力建设中的重要体现。

青少年体育干预组织及机构的宣传能力建设，组织及机构宣传的途径及形式很多，要借助各种媒体和网络平台，以及新兴技术手段，不断加大组织及机构的宣传力度。有条件的组织和机构要建立专属独立的网站对自身进行全方位的宣传，以增强人们对于体育干预工作的意识，提高青少年体育干预的社会认可度。

七、坚持社会化、实体化方向发展，鼓励支持社会力量参与青少年身心健康体育干预机制的创建与发展

当前国外发达国家青少年体育干预组织的社会化和实体化程度比较高，青少年体育组织与社会的联系较紧密，借此能够得到社会多方面的支持。例如，美国的体育干预形式包括了体育运动相关企业组织的青少年体育干预夏令营活动。同时，其青少年体育干预组织的自我发展能力也较强，实体化特征明显。相比之下，我国青少年体育干预组织的发展还处于初步阶段。青少年体育干预组织及机构要实现自身的时代使命，需要自身

不断发展壮大，这就意味着需要更多的资金支持、政策支持以及社会舆论支持。为此，干预组织必须走社会化、实体化的路线，需要社会各界尤其是政策及市场等的大力支持。“十四五”期间要重点研究制定社会力量创建体育干预机制的相关鼓励政策，制定市场力量参与体育干预的准入标准和资质条件，加强工作指导、服务与监督，规范其行为。同时还要不断加强社会舆论引导与宣传，积极营造氛围，吸引社会力量参与到青少年身心健康促进的体育干预的发展中来。

八、加强青少年身心健康促进的体育干预组织、制度、人员、资金保障

基于前述研究及专家访谈，结合青少年身心健康等数据，提出新时代大流行时期青少年体育干预的相应政策、资金和技术保障的优化策略。

第一，组织保障。全国人大、国家体育总局、教育部、国家卫健委共同成立青少年体质健康促进“十四五”规划实施领导小组，统一领导和协调青少年身心健康促进的体育干预发展规划的实施工作。青少年身心健康促进的体育干预工作要按照“青少年身心健康促进的体质监测和体育干预‘十四五’发展规划”的精神，依靠各级行政部门贯彻落实。体育总局积极协调各省（区、市）体育局、各运动项目中心，以及教育部、民政部、共青团中央、文明办等部委，联合成立“十四五”动员、宣传、实施、监督与评估工作组，各省（区、市）体育局青少处也应参照国家体育总局的做法，联合各地区相应部门，共同推动青少年身心健康促进的体质监测和体育干预“十四五”规划的实施。

第二，制度保障。为促进青少年身心健康促进的体育干预的发展，提高青少年身心健康促进的体质监测和体育干预“十四五”规划的贯彻落实，国家体育总局及各省市体育局青少年体育处可制定《青少年身心健康促进的体育干预“十四五”规划实施方案》《中央级体育彩票公益金资助青少年身心健康促进的体育干预“十四五”规划实施办法》《青少年身心健康促进的体育干预经费管理办法及实施细则》等文件，为青少年身心健康促进的体质监测和体育干预“十四五”规划实施提供制度保障。

第三，人员保障。为高质量推进“十四五”规划的实施，实现发展规划的预期目标，国家体育总局及各省市体育局青少年体育处整合各方资源，组织全国体育行政部门、高等院校和社会组织的专家团队，组织成立“青少年身心健康促进的体育干预‘十四五’”研究、宣传、监管、评价等相关课题组，对我国青少年身心健康促进的体质监测和体育干预实施的现状、评估和效益进行深入调研。国家体育总局及各省市体育局青少年体育

处将构建依托智囊团队的人力资源保障，发挥政府部门的引领作用，智囊团队提供咨询服务的合作格局，充分推动青少年身心健康促进“十四五”规划的体育干预落到实处。

第四，资金保障。为配套青少年身心健康促进“十四五”规划的体育干预的组织实施，各级政府及体育行政管理部门根据“十四五”的规划目标任务，理清工作开展内容，核实经费预算，并纳入相应财政支出规划，以及体育彩票公益金支出内容。也可同时联合地方体育运动相关设备、用品、文化企业设立专项基金或者赞助资金。青少年身心健康促进“十四五”规划的体育干预实施期间，严格按照“严谨办事、专款专用”的原则进行项目管理，资金使用严格遵循有关规定，开源节流，保证项目的资金需求。此外，青少年健康的体育干预研究工作的投资也需要作为优先考虑的重点。青少年身心健康促进的体育干预研究重点已经从关于具体健康问题发生率的基本问题转向关于如何更好地扩大现有干预措施和检测新干预措施有效性的问题。

九、结合“互联网+”信息化手段，运用智慧体育加强青少年健康促进的体育干预

智慧体育的运用可实现并提升青少年健康的监测、数据收集、反馈一体化，加快推进应急产品与服务的信息资源共享。针对应急产品和服务的信息碎片化、孤岛化问题，充分运用大数据、“互联网+”等信息化手段，发挥市场机制作用，构建多种形式应急产品和服务信息共享机制，实现关键时刻应急产品和服务“找得到”。支持各种形式的应急技术、产品和服务推广交流活动，促进先进应急成果应用。加强与救援队伍、应急预案等其他应急资源对接，推动应急平台之间互联互通、数据交换、系统对接，建设国家应急产品和服务信息综合平台。完善政府、社会、个人共同行动的体制机制，形成共建共治共享格局。

智能体测系统的构建，可应用于体育教学及自主考试、国家体质健康测试、中考体育测试及社区体医机构监测。其中 AI-自助测评系统可采用动作捕捉、视觉 SLAM、智能物联技术，提供快速高效准确的群体运动功能测评服务。系统具备轻部署、占地小、智能监督、深度分析、数据管理等优势，精准了解身体七大素质：速度、力量、耐力、柔韧、灵敏、协调、平衡。能根据个人的结果提供个性化的运动健康干预方案。其中，AI-群体测评系统可适用于大规模集体测试，具有部署灵活不占空间、智能系统可无人值守、智能评测和监督、同一时间可以设置数十个测试位、快速高效少管理地完成学生检测数据与信息上报等特点。包括人脸智能认

证、视频智能回放、成绩智能分析、语音智能播报、违规智能提示、数据智能上报功能。这种智能系统的高效测试无须人工辅助，实现AI自动化登录与测试，数据自动上传、计分、上报。无感识别的AI人脸识别与电子刷卡，对接学生信息库，无穿戴智能姿态识别。包括智能分析高精度动作匹配、实时动作纠正、全要素数据回放、精细化数据报告与干预方案，以及智能监管全程动作监测，实时违规提醒，精细检测逻辑，边缘计算分析、深度抽样监管、异常数据实时上报。AI自助互动训练系统采用一体式设计，智能触控，自助使用。系统包含体能运动、球类运动和动作跟练等主题的数十项运动项目，运用AI运动检测系统对训练动作进行实时打分、智能纠错的功能。其中，内置虚拟数字人教练深度解析国内外顶尖专家的运动课程，有助于解决校内外自助式、专业化、反馈式训练系统缺失的问题。建立运动负荷监测与分析系统，通过对体育课堂中学生的运动负荷、运动密度、跑步、跳绳等成绩实时检测、统计分析，掌握体育课堂中学生的运动指标是否达成、是否存在运动异常等情况。针对不同学生进行量身定制运动方案，同时满足体育教师数字化科研的需求。与此同时，开发全息运动训练系统结合AR、运动训练学、数字媒体技术、数字媒体艺术、三维动画、特效及边缘融合拼接等多元化技术，以运动学和心理学为基础，从而形成一套系统性多功能健康干预课程。在有限空间内承载多种运动形式，通过娱乐式、反馈式、互动式的课程设计，让运动不再枯燥，让体验者、参与者迅速进入运动状态，发泄能量。创建课程系统，可涵盖体能运动、康复训练、教育娱乐、心理训练等多主题数百项训练项目。目前市场中研发的HUG元宇宙教学系统由AI全人体动作捕捉系统和5G网络系统组成，搭建实时交互的虚拟数字人（虚拟IP）元宇宙课堂，提供真人尺度在线虚拟教学空间，多视角切换实现复杂手指级精准动作教学。团队搭建的产学研平台和专家智库集合了国内一流的运动、体能、康复、心理、医疗、健康专家，可定期开展高水平的实时教学、健康讲座，并可订阅数百节专业训练课程。

智慧体育管理平台则具有本地采集、本地处理、数据处理安全的特点。生成体质健康评估报告、定制化的个人体质画像、提出改善方案。实时预览校区、年级、班级、个人多个维度的数据分析报表。搭建体育云课堂，实现体育知识、趣味体育游戏、线上体育微课等功能。青少年学生健康动态档案运用科学的方法，对青少年学生个体的形态、技能和身体素质等进行测定与评定，该档案包含从身体形态、身体基本机能、力量、耐力、爆发、敏捷、平衡出发等7个部分的测试结果，发挥科学对学生体育、体质增强的指导作用。运动健康监管系统包括数据统计分析、实时预览校区、年级、班级、个人数据分析报表。具有优质管理体系、提升管理便利性特点。测试评估自动上传，形成运动健康风险评估报告。体育云课堂以AI人体识别技术自动识别青少年学生各项体育项目训练结果，自动输出数据。支持青少年学生自主训练、定制化课程，解决了青少年学生课后体育锻炼无法监督、执行、科学跟踪的问题，让青少年学生科学快乐地爱上运动。活动与赛事管理系统可根据实际需求，规划全年重大节日、重大事件等时间节点线上活动（可自定义调整），一键上线使用，活动覆盖全员、全年，使青少年学生健康运动呈成长式、浸入式上升状态。

智慧体育管理平台一站式综合解决方案有助于实现一站式体育数据管理分析，综合平台解决了传统数据采集烦琐、可信度低、无法跟踪训练效果等问题。量身定制个性化训练方案解决了因缺乏体测专项和综合素质提升的个体针对性数据而无法实现精准干预运动方案等问题。本地化信息处理解决了数据采集带来的一系列数据安全和隐私问题，满足了国标化数据安全标准与有效保障措施的迫切需求，解决了效果难跟踪、缺乏科学指导、数据安全难保障的问题。智慧体育系统、管理平台的开发和运用，将在青少年身心健康促进的体育干预中发挥积极作用。

十、积极构建生态体育，促进青少年身心健康

生态体育（Ecology Sports）是体育、文化和生态环境的相互协调、相互关怀、共生共融、共同发展所构建的关系或联系的体育活动，即通过在自然—社会生态环境中开展的体育运动，来展示人类的健康体格和人格，体现人类在体育运动中对自然—社会这一生态环境的关怀和人道主义精神，倡导健康、文明、和谐的生活方式，从而达到维护世界的和谐与发展。生态体育反映的是人、体育、环境三者之间的和谐统一的关系。生态体育从某种角度来看是一种“绿色产品”，从它的产生、推广到被社会所承认以及对社会发挥出的绿色效应，这是一个复杂系统的过程，整个体育生态链处在动态平衡的状态。生态体育的内涵表明了生态体育中的“生态”不只是单纯的生物学话语中简单的“生态”语义，生态体育的体系语境应理解为以哲理的思维方式和整体动态的语义来表述生态体育深层而宽广的状况。赋予人亲近大自然并锻炼身体的机会，同时又具有忧患意识、终身体育教育等功效，是一个开放、多元复杂的动态体系。因此，在生态系统理论的指导下，积极构建生态体育是青少年身心健康促进的体育干预重要的策略之一。

相关学者研究认为，首先，生态体育是指人们借助各种自然环境、不拘形式地进行休闲锻炼的体育活动，如攀岩、溜冰、登山、滑雪、漂流、野营、定向运动等。生态体育是体育、文化和生态环境相互协调、相互关怀、共生共融、共同发展的体育运动。通过在自然和社会生态环境中开展体育运动，来展示人类的健康体格和人格。人类在体育运动中对自然和社会生态环境的关怀和人道主义精神，倡导健康、文明、和谐的生活方式。目的是要维护世界的和谐与发展。其次，生态体育是指充分利用自然生态环境场所。充分尊重自然生态和人文生态关系而开展的有利于人类身心健康的体育活动，即通过在自然生态环境和社会文化环境中开展的、对生态环境损害最小、对人身心健康最有利的体育运动，具体体现人与自然、人与社会、人与自身三方面的整体动态和谐。再次，生态体育就是以自然的活动方式。在自然环境下，按照生物发育的规律来开展的一些身体活动。生态体育最突出的特征就是自然，亲近自然、贴近自然。它是人文体育、绿色体育、环保体育、天然体育，更重视阳光、空气、水对人体健康的重要价值。同时，生态体育使人类在追求自由、率直的同时，避免体育的对抗性和竞争性。生态体育的活动形式多种多样。其主要特点是自然、率直和娱乐，是在自由、自然、自愿、自乐的原则下进行的，一般没有预先的计划和严格的规则，其目的是强调自发的行为，因而也可以称之为“自发体育”。总之，生态体育并非所谓的原生态体育，而是只有在后现代社会才可能出现的体育范式；是人类在经历了生态危机之后自觉维护人与自然、人与社会、人与自身整体动态和谐的选择；是依照生态体育理念对大众体育进行的规划安排；是大众在后现代社会参与体育的方式类型。生态体育以维护自然生态与文化生态的平衡和谐为前提来选择体育活动的路径模式，通过体育参与的方式促进世界的整体和谐，同时享受生命的自由快乐。生态体育要顺利开展，资源的开发利用即为生态体育的开展提供物质基础、精神动力、可转换的活动方式以及环境空间的自然资源与文化资源的开发利用为第一任务。生态体育是青少年身心健康促进的重要干预手段，构建生态体育、提高青少年身体素质、心理素质、健康素养，推动我国生态文明社会的构建，必须深入推进城市社区的生态体育发展。

参考文献

[1] 李辉，宗心南，季成叶，等．中国2~18岁儿童青少年超重和肥胖筛查体重指数界值点的研究［J］．中华流行病学杂志，2010，31（6）：616-620.

[2] 中华人民共和国国家卫生健康委员会．精神卫生：加强我们的应对活动［EB/OL］．（2015-01-09）．http：//www. nhc. gov. cn/wjw/xlws/201508/1512c3b9d833438494d735fbd8b71308. shtml.

[3] 世界卫生组织：常见的问题．World Health Organization.［EB/OL］．（2018-07-30）．https：//www. who. int/zh/about/frequently-asked-questions.

[4] 董亚琦，车爱玲，汤传德，等．累积生态风险对大学生体育生活方式的影响：运动氛围和自我控制的中介效应［J/OL］．中国健康心理学杂志：1-10.［2023-01-02］. http：//kns. cnki. net/kcms/detail/11. 5257. r. 20221221. 1255. 001. html.

[5] 中国经济网．"超级互联"来了，如何决胜2020？企业家们这么说［EB/OL］．（2019-12-9）. http：//www. cac. gov. cn/2019-12/09/c_1577427281886344. htm？from=groupmessage.

[6] 乔玉成．进化·退化：人类体质的演变及其成因分析——体质人类学视角［J］．体育科学，2011，31（6）：87-96.

[7] 张磊．青少年身体活动、久坐行为与体质健康关系的实证研究［J］．广州体育学院学报，2019，39（3）：101-104.

[8] 周冬霞．论布迪厄理论的三个概念工具——对实践、惯习、场域概念的解析［J］．改革与开放，2010（2）：192-193.

[9] 冯晓露，白莉莉，杨京钟，等．"健康中国"视角下体医融合的内涵、特征与路径［J］．卫生经济研究，2022，39（07）：60-63. DOI：10. 14055/j. cnki. 33-1056/f. 2022. 07. 012.

[10] 金秋艳．青少年体育健康促进干预项目评价指标体系研究［D］．杭州：浙江大学，2017.

[11] 司琦，金秋艳．青少年体育健康促进干预项目评价指标体系构建［J］．武汉体育学院学报，2018，52（3）：67－74. DOI：10. 15930/j. cnki. wtxb. 2018. 03. 011.

[12] 徐影．体育干预对改善自闭症儿童刻板行为的实证研究［D］．长春：吉林大学，2020. DOI：10. 27162/d. cnki. gjlin. 2020. 000829.

[13] 陈智，郇昌店，胡好．安徽省青少年疫情期间身心健康与体育活动研究［J］．巢湖学院学报，2021，23（3）：102－110.

[14] 朱厚伟．时空社会学视角下青少年体质健康促进模式研究［D］．南京：南京师范大学，2021. DOI：10. 27245/d. cnki. gnjsu. 2021. 000086.

[15] 刘通，张晓林，李增民，等．"体教融合"政策省级行政执行的扩散机制及深化策略研究［J/OL］．广州体育学院学报：1－9.［2022－12－21］. DOI：10. 13830/j. cnki. cn44－1129/g8. 2022. 04. 009.

[16] 周君华，孙涵．生态体育资源开发及模式构建与应用研究——基于山东省的实证研究［J］．山东体育学院学报，2010，26（07）：8－11+16. DOI：10. 14104/j. cnki. 1006－2076. 2010. 07. 016.

[17] 谢慧妍，夏亮，廖雅芬，等．青少年健康促进生活方式列线图模型的构建［J］．中国预防医学杂志，2021，22（11）：856－861. DOI：10. 16506/j. 1009－6639. 2021. 11. 008.

[18] 孟祥波，刘红建．我国青少年体质健康促进的现实困境与突破［J］．南京体育学院学报，2022，21（7）：15－20. DOI：10. 15877/j. cnki. nsin. 2022. 07. 006.

[19] 卞金有，杨城．WHO 对健康、疾病及残疾的定义及发展概况［J］．现代口腔医学杂志，2022，36（3）：145－147.

[20] 李晓鹏，李忠伟，汪如锋．解构与启示：青少年体育健康促进的国际研究热点与动态展望［J］．山东体育科技，2022，44（4）：10－19. DOI：10. 14105/j. cnki. 1009－9840. 2022. 04. 011.

[21] 阎隽豪，肖林鹏．我国体育协同研究态势的文献计量可视化分析［J］．山东体育科技，2022，44（3）：7－15. DOI：10. 14105/j. cnki. 1009－9840. 2022. 03. 002.

[22] 郇昌店．我国青少年体质健康政策扩散：模式、效应与改进策略——基于政策类型与政治势能的交叉框架［J］．山东体育学院学报，2020，36（6）：1－7. DOI：10. 14104/j. cnki. 1006－2076. 2020. 06. 001.

[23] 郇昌店．协同导向：美国青少年体质健康政策的演进与启示［J］．河北体育学院学报，2017，31（4）：21－29.

[24] 郇昌店．我国青少年体质健康政策协同研究［D］．上海：上海体育学院，2016.

[25] 郇昌店．我国青少年体质健康促进中营养政策的失位与弥补［J］．中国食物与营养，2018，24（3）：5－10.

[26] 赵胜国，王健，邰崇禧．新时代我国青少年体育培训市场监管体系研究——政府主导下多元共治的分析框架［J］．体育科学，2022，42（8）：21－32. DOI：10.16469/j.css.202208002.

[27] 李爱群，吕万刚，王志强，等．中国式现代化视域下体育强国建设助推中华民族伟大复兴的道路探索——“贯彻落实二十大精神，探索中国式现代化体育新道路”论坛述评［J］．武汉体育学院学报，2022，56（11）：5－12. DOI：10.15930/j.cnki.wtxb.2022.11.001.

[28] 陈智．体育中考背景下青少年家庭体育现状研究——以安徽省为例［J］．南阳师范学院学报，2019，18（1）：59－63.

[29] 孙建华，陈晓，鲍茵茵．对上海市大学生饮食、营养、健康状况的调查与分析［J］．上海体育学院学报．2002（2）：88.

[30] 朱亚成，季浏．关于提升我国青少年体育素养研究的文献综述［J］．浙江体育科学，2020（1）：81－88.

[31] 卢元镇．体育社会学［M］．北京：高等教育出版社，2006.

[32] 国家体育总局青少年体育司、国家体育总局体育科学研究所．儿童青少年运动健康促进科普问答［M］．北京：人民邮电出版社，2020.

[33] 谭思洁，张晓丹．青少年体力活动与健康促进：从传统媒体到新媒体［M］．北京：知识产权出版社，2017.

[34] 胡亮．青少年体质健康促进政策研究［M］．杭州：浙江大学出版社，2019.

[35] 韩会．青少年体质健康促进的探索与实践［M］．广州：暨南大学出版社，2021.

[36] 金玲华．新时代青少年心理健康教育：原理、操作与实务［M］．北京：中国书籍出版社，2022.

[37] 石陆．体教融合下的青少年全面健康与发展研究［M］．长春：吉林大学出版社，2022.

[38] 约翰·桑特洛克．青少年心理学［M］．寇彧等译．北京：人民邮电出版社，2013.

[39] 陈智．安徽省青少年家庭体育发展的困境与选择［J］．山东农业工程学院学报，2016，33（8）：83－85. DOI：10.15948/j.cnki.37－

1500/s. 2016. 08. 042.

[40] 王一牛，罗跃嘉. 突发公共卫生事件下心境障碍的特点与应对[J]. 心理科学进展，2003，11 (4)：387－392.

[41] 苏莉，韦波. 突发公共卫生事件下的群体心理反应与干预 [J]. 中国行为医学科学，2005 (12)：1139－1141.

[42] 刘素，李芳，李长风，等. 青少年健康行为和学习压力对学习成绩的影响 [J]. 中国健康教育，2019，35 (3)：239－242.

[43] 张淑玲，唐殿强，阎庆东. 传染性非典型肺炎应激状态下大学生心理健康状况 [J]. 中国学校卫生，2005 (4)：322.

[44] 樊富珉. "非典" 危机反应与危机心理干预 [J]. 清华大学学报 (哲学社会科学版)，2003 (4)：32－37.

[45] 孙建华，陈晓，鲍茵茵. 对上海市大学生饮食、营养、健康状况的调查与分析 [J]. 上海体育学院学报，2002 (2)：88－91.

[46] 徐蕊，李文芳，张博轩，等. 武汉市某高校大学生营养与健康知识-态度-行为状况调查 [J]. 现代预防医学，2017 (2)：231－235.

[47] 杨成伟，唐炎，张赫，等. 青少年体质健康政策的有效执行路径研究：基于米特-霍恩政策执行系统模型的视角 [J]. 体育科学，2014，34 (8)：56.

[48] 金启林. 中日青少年体质健康促进政策比较研究 [D]. 上海：上海师范大学，2019.

[49] World Health Orgnization. One Health Joint Plan of Action launched to address health threats to humans, animals, plants and environment [EB/OL]. (2022－10－17). https://www.who.int/news/item/17－10－2022－one-health-joint-plan-of-action-launched-to-address-health-threats-to-humans-animals-plants-and-environment.

[50] International Olympic Committee. IOC President addresses G20 Leaders' Summit in Bali. t [EB/OL]. (2022－11－15). https://olympics.com/ioc/news/ioc-president-addresses-g20-leaders-summit-in-bali.

[51] International Olympic Committee. IPACS takes important decisions for the future [EB/OL]. (2022－10－08). https://olympics.com/ioc/news/ipacs-takes-important-decisions-for-the-future.

[52] International Olympic Committee. IOC emphasises power of sport in combatting youth violence and crime at special UNODC forum [EB/OL]. (2022－10－08). https://olympics.com/ioc/news/ioc-emphasises-power-of-

sport-in-combatting-youth-violence-and-crime-at-special-unodc-forum.

[53] World Health Organization. 1946. WHO definition of Health, Preamble to the Constitution of the World Health Organization as adopted by the International Health Conference, New York, 19 – 22 June 1946; signed on 22 July 1946 by the representatives of 61 States (Official Records of the World Health Organization, no. 2, p. 100) and entered into force on 7 April 1948.

[54] World Health Organization. 2006. Constitution of the World Health Organization-Basic Documents, Forty-fifth edition, Supplement.

[55] Callahan D. The WHO definition of 'health'. The Hastings Center Studies. 1973, 1 (3): 77 – 87. doi: 10.2307/3527467.

[56] Taylor S, Marandi A. How should health be defined?. BMJ. 2008, 337: a290. PMID 18614520. doi: 10.1136/bmj.a290.

[57] Bellieni CV, Buonocore G. Pleasing desires or pleasing wishes? A new approach to pain definition. Ethics Med. 2009, 25 (1).

[58] Sport, Disability and an Original Definition of Health. [EB/OL]. (2013 – 02 – 27). https://www.sportanddev.org/en/learn-more/disability/background/definitions-and-terminology.

[59] BBC News-How stressed are you?. Bbc.co.uk. [EB/OL]. (2013 – 11 – 06). https://www.bbc.com/news/health – 24756311.

[60] WHO. Mental health. WordNet Search. Princeton University. [2017 – 03 – 07]. The world health report 2001 – Mental Health: New Understanding, New Hope.

[61] Freud, Sigmund. Das Unbehagen in der Kultur. Internationaler Psychoanalytischer Verlag Wien. 1930: 101.

[62] World Health Organization. WHO Director-General's opening remarks at the Global Launch of the WHO QualityRights e-training to advance mental health, eliminate stigma and promote community inclusion [EB/OL]. (2022 – 04 – 12). https://www.who.int/zh/director-general/speeches/detail/who-director-general-s-opening-remarks-at-the-global-launch-of-the-who-qualityrights-e-training-to-advance-mental-health--eliminate-stigma-and-promote-community-inclusion-12-april-2022.

[63] Kristin A. Riekert, Judith K. Ockene, Lori Pbert, Marisa E. Hilliard. The Handbook of Health Behavior Change, 5th Edition [M]. Published by Springer Publishing Company. 2018.

[64] Balcazar, F. E., Keys, C. B., & Vryhof, J. A. Empowerment. In L. A. Jason, O. Glantsman, J. F. O'Brien, & K. N. Ramian (Eds.), Introduction to Community Psychology: Becoming an agent of change. 2019. https://press.rebus.community/introductiontocommunitypsychology/chapter/empowerment.

[65] Campbell, R., Greeson, M., Bybee, D., & Fehler-Cabral, G. Adolescent sexual assault victims and the legal system: Building community relationships to improve prosecution rates. American Journal of Community Psychology, 2012, 50 (1-2), 141-154. https://doi.org/10.1007/s10464-011-9485-3.

[66] Foster-Fishman, P. G., Nowell, B., & Wang, H. Putting the system back into system change: A framework for understanding and changing organizational and community systems. American Journal of Community Psychology, 2007, 39: 197-215.

[67] Jason, L. A., Glantsman, O., O'Brien, J. F., & Ramian, K. N. Introduction to the field of Community Psychology. In L. A. Jason, O. Glantsman, J. F. O'Brien, & K. N. Ramian (Eds.), Introduction to Community Psychology: Becoming an agent of change. 2019. https://press.rebus.community/introductiontocommunitypsychology/chapter/intro-to-community-psychology.

[68] Jason, L. A., Stevens, E., Ram, D., Miller, S. A., Beasley, C. R., & Gleason, K. Theories in the field of community psychology. Global Journal of Community Psychology, 2016, 7 (2): 1-27.

[69] Leipoldt, J. D., Kayed, N. S., Harder, A. T., Grietens, H., & Rimehaug, T. Refining the COPES to measure social climate in therapeutic residential youth care. Child & Youth Care Forum, 2017, 47 (2): 173-197. https://doi.org/10.1007/s10566-017-9424-z.

[70] MAYA-JARIEGO, I., De La Peña-Leiva, A., ARENAS-RIVERA, C, & ALIEVA, D. Personal networks, social media, and community cohesion in the strategies of peace-building agents in Colombia to counteract the segregation of displaced populations. Journal of Community Psychology, 2019: 1-13. https://doi.org/10.1002/jcop.22173.

[71] McMillan, D. W., & Chavez, D. M. Sense of community: A definition and theory. Journal of Community Psychology, 1986 (14): 6-23.

[72] Moos, R. H. Social contexts: Transcending their power and their fragility. American Journal of Community Psychology, 2003 (31): 1—13.

[73] Montero, M., & Sonn, C. Psychology of liberation: Theory and applications. Springer. 2009.

[74] Olson, B. D., O'Brien, J. F., & Mingo, E. Social and political change. In L. A. Jason, O. Glantsman, J. F. O'Brien, & K. N. Ramian (Eds.), Introduction to Community Psychology: Becoming an agent of change. 2019. https://press.rebus.community/introductiontocommunitypsychology/chapter/social-and-political-change.

[75] Palmer, G. L., Fernandez, J. S., Lee, G., Masud, H., Hilson, S., Tang, C., . . . Bernai, I. =. Oppression and power. In L. A. Jason, O. Glantsman, J. F. O'Brien, & K. N. Ramian (Eds.), Introduction to Community Psychology: Becoming an agent of change. 2019. https://press.rebus.community/introductiontocommunitypsychology/chapter/oppression-and-power.

[76] Reich, S. M., Bishop, B., Carolissen, R, Dzidic, P., Portillo, N., Sasao, T., & Stark, W. Catalysts and connections: The (Brief) history of Community Psychology throughout the world. In M. A. Bond, I. Serrano-Garcia, & C. B. Keys (Eds.), APA handbook of Community Psychology: Theoretical foundations, core concepts, and emerging challenges (Vol. 1, pp. 22-66). American Psychological Association. 2017.

[77] Sarason, S. B. The Psychological Sense of Community: Prospects for a community psychology. Jossey-Bass. 1974.

[78] Moos, R. H. Social Contexts: Transcending Their Power and Their Fragility. Am J Community Psychol, 2003 (31): 1-13. https://doi.org/10.1023/A:1023041101850.

[79] Leipoldt, J. D., Kayed, N. S., Harder, A. T., Grietens, H., & Rimehaug, T. Refining the COPES to measure social climate in therapeutic residential youth care. Child & Youth Care Forum, 2018, 47 (2): 173-197. https://doi.org/10.1007/s10566-017-9424-z.

[80] Hurricane Harvey and Greater Houston households: comparing pre-event preparedness with post-event health effects, event exposures, and recovery. [J]. Grineski Sara E, Flores Aaron B, Collins Timothy W, Chakraborty Jayajit. Disasters. 2020 (2).

[81] Maurer, H. Cognitive science: Integrative synchronization mechanisms in cognitive neuroarchitectures of the modern connectionism. CRC Press, Boca Raton/FL, 2021, chap. 1. 4, 2. , 3. 26, 11. 2. 1, ISBN 978 - 1 - 351 - 04352 - 6. https: //doi. org/10. 1201/9781351043526.

[82] Ajzen, Icek. From Intentions to Actions: A Theory of Planned Behavior. Action Control. Berlin, Heidelberg: Springer Berlin Heidelberg. 1985: 11 - 39 [2022 - 10 - 16]. ISBN 9783642697487. doi: 10. 1007/978 - 3 - 642 - 69746 - 3_ 2.

[83] The theory of planned behavior. Organizational Behavior and Human Decision Processes. 1991 - 12 - 01, 50 (2): 179 - 211 [2022 - 10 - 16]. ISSN 0749 - 5978. doi: 10. 1016/0749 - 5978 (91) 90020 - T.

[84] Benner, J. S. , Glynn, R. J. , Mogun, H. , Neumann, P. J. , Weinstein, M. C. , & Avorn, J. Long-term persistence in use of statin therapy in elderly patients. The Journal of the American Medical Association, 2002, 288 (4): 455 - 461.

[85] DiMatteo, M. R. Social support and patient adherence to medical treatment: a meta-analysis. Health Psychology, 2004, 23 (2): 207 - 218. doi: 10. 1037/0278 - 6133. 23. 2. 207.

[86] Fotheringham, M. J. , & Sawyer, M. G. Adherence to recommended medical regimens in childhood and adolescence. Journal of Paediatrics and Child Health, 1995, 31 (2): 72 - 78.

[87] Kimmel, S. E. , Chen, Z. , Price, M. , Parker, C. S. , Metlay, J. P. , Christie, J. D. , … Gross, R. The influence of patient adherence on anti-coagulation control with warfarin: results from the International Normalized Ratio Adherence and Genetics (IN-RANGE) Study. Archives of Internal Medicine, 2007, 167 (3): 229 - 235.

[88] Noar, S. M. , & Head, K. J. Mind the gap: bringing our theories in line with the empirical data—A response to commentaries. Health Psychol Rev, 2014, 8 (1): 65 - 69. doi: 10. 1080/17437199. 2013. 855593.

[89] Noar, S. M. , & Mehrotra, P. Toward a new methodological paradigm for testing theories of health behavior and health behavior change. Patient Education and Counseling, 2021, 82 (3): 468 - 474.

[90] Sniehotta, F. F. , Presseau, J. , & Araujo-Soares, V. Time to retire the theory of planned behaviour. Health Psychology Review, 2014, 8 (1): 1 -

7. doi: 10. 1080/17437199. 2013. 869710.

[91] Tade, O. , & Nwanosike, P. C. ‘Nobody is sure of tomorrow’ — Using the Health Belief Model to explain safety behaviours among Boko Haram victims in Kano, Nigeria. International Review of Victimology, 2016, 22 (3): 339 - 355. doi: 10. 1177/0269758016634184.

[92] Howland, M. , Farrell, A. K. , Simpson, J. A. , Rothman, A. J. , Burns, R. J. , Fillo, J. , & Wlaschin, J. Relational effects on physical activity: A dyadic approach to the theory of planned behavior. Health Psychology. 2016. doi: 10. 1037/hea0000334.

[93] Schwartz R M, Sison C, Kerath S M, et al. The impact of Hurricane Sandy on the mental health of New York area residents [J] . American Journal of Disaster Medicine, 2015 (10): 339 - 346.

[94] Cerda M, Bordelois P M, Galea S, et al. The course of posttraumatic stress symptoms and functional impairment following a disaster: What is the lasting influence of acute versus ongoing traumatic events and stressors? [J] . Social Psychiatry & Psychiatric Epidemiology, 2013 (48): 385 - 395.

[95] Neria Y, Nandi A, Galea S. Post-traumatic stress disorder following disasters: A systematic review [J] . Psychological Medicine. 2008 (38): 467 - 480.

[96] Longoria A, Scott W C, Hernandez C D, et al. The impact of Hurricane Harvey on the physical activity behaviors of low income, ethnic minority adolecents [A] . TAPHERD Conference, 2018, 12.

[97] Grineski E S, Flores B A, Collins W T, et al. Hurricane Harvey and Greater Houston households: comparing pre-event preparedness with post-event health effects, event exposures, and recovery [J] . Disasters Published, 2019 (10): 1 - 25.

